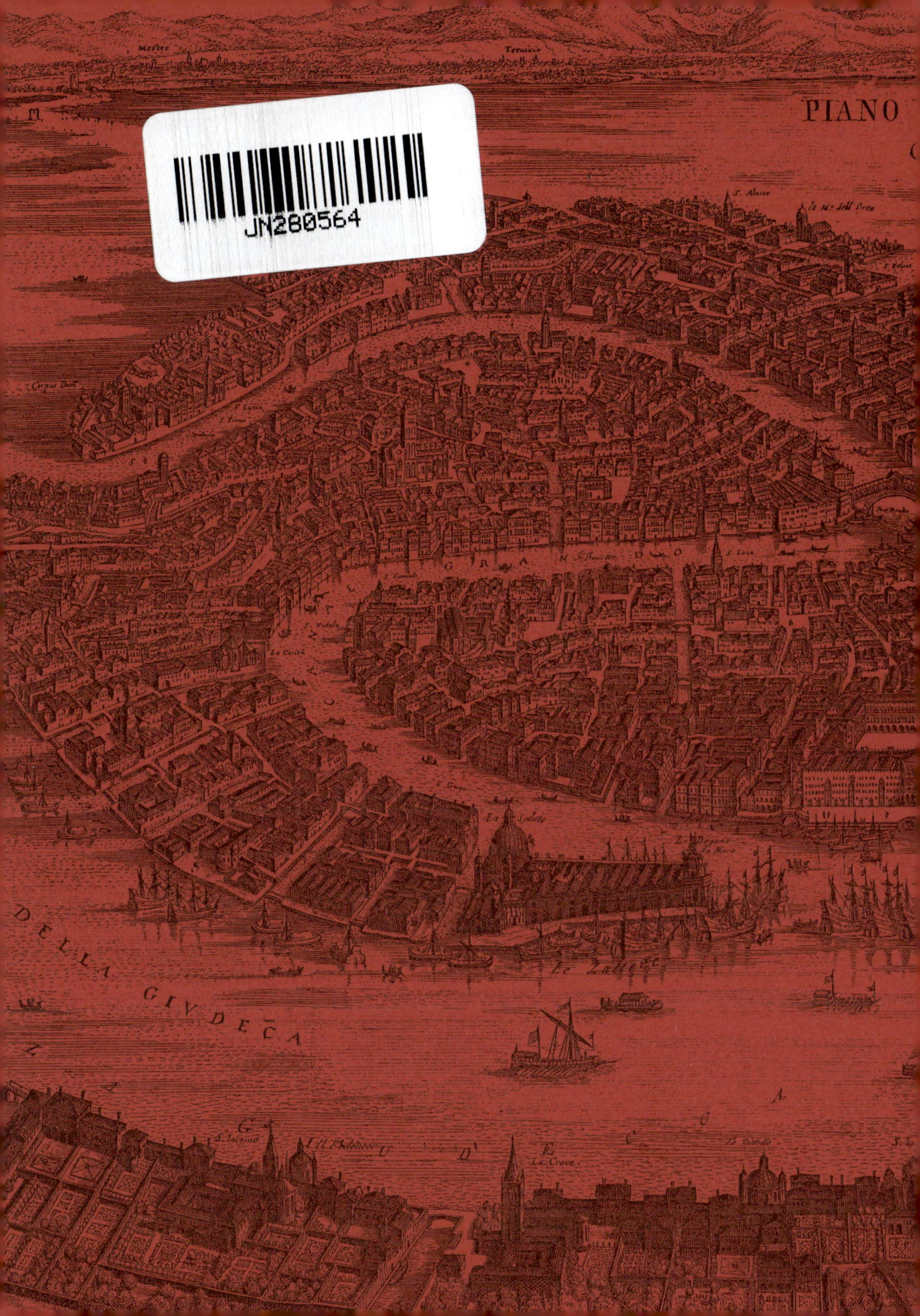
PIANO
DELLA GIVDECA
Le Zattere
La Salute

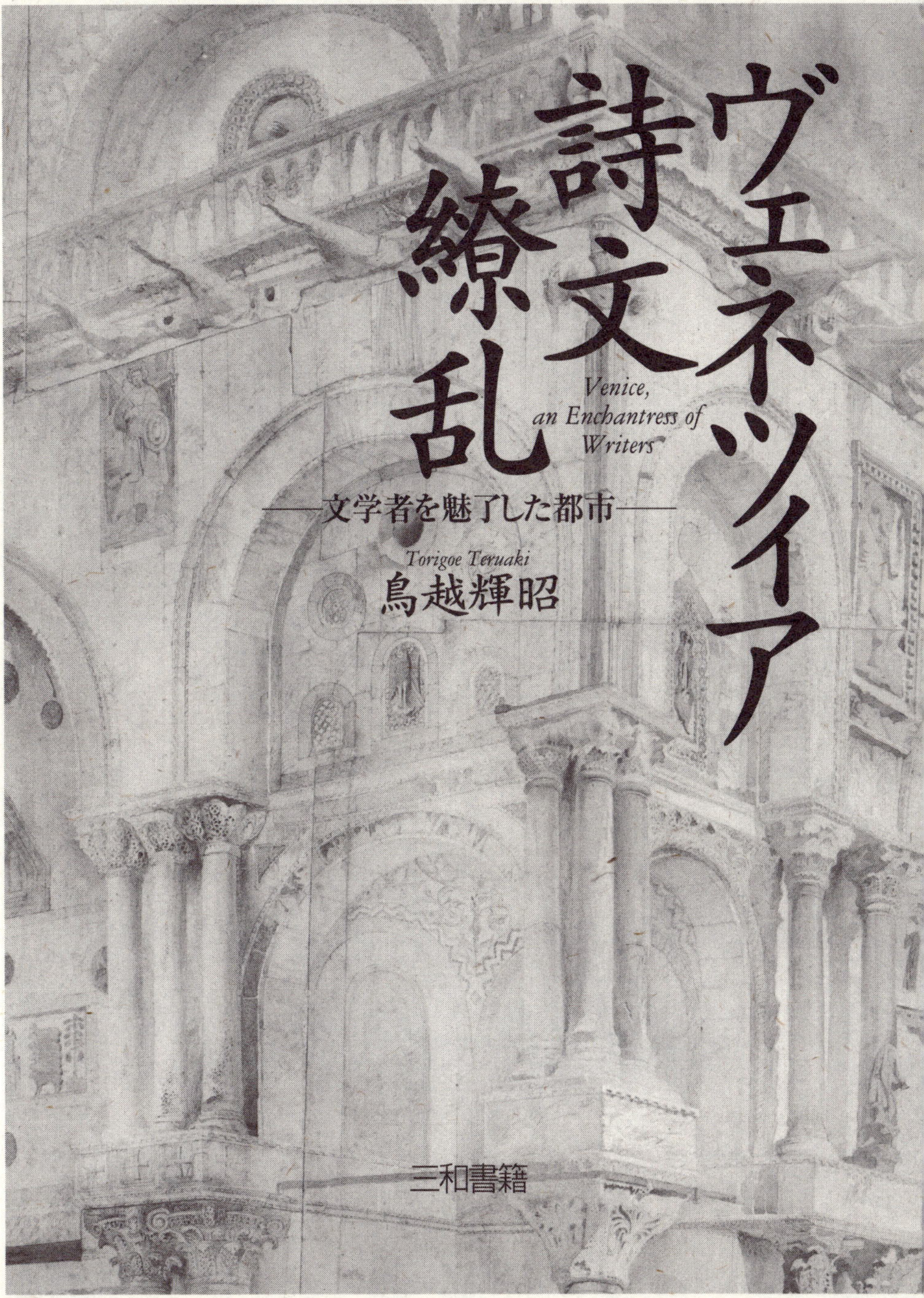

ヴェネツィア 詩文繚乱

Venice, an Enchantress of Writers

——文学者を魅了した都市——

Torigoe Teruaki
鳥越輝昭

三和書籍

装丁
井之上聖子
Inoue Seiko

「小舟は夢のような通路を通って近づいてゆく」（ディケンズ）――序章「到着」／ターナー画

（次頁）「千年の歳月が、ぼくのまわりに、雲の翼を広げ、瀕死の栄光が、はるか昔に微笑みかける」（バイロン）――「はじめに」・第二章「到着」／カナレット画

「これは世界の広場というのがふさわしい」（コーリャット）——第一章「広場」／カナレット画

「何かあったのかな、リアルトに」（シェイクスピア）——第二章「河岸」／カナレット画

「ゴシックの館は美しく不思議なものだ」（ラスキン）——第三章「運河」／ラスキン画

「他のルネサンス聖堂ほど嫌悪を感じさせない理由がわからない」（ハウエルズ）
——第五章「教会」／サージェント画

ゴンドラでくつろぐレニエ（ヴェネツィアの館に住んだ一人）——第六章「家」

「この画趣のある多様さのなかで道に迷うのは、何という喜びだろう」（レニエ）——第四章「路地と船」／ホイッスラー画

「静かで、運河は奇妙な臭いがしていて、その場所全体が魅力的なのだ」（ジェイムズ）——第三章「運河」／ホイッスラー画

「大運河の緑色の水が、金色の大理石造りの手すりの隙間から輝いています」（ラスキン）——第六章「家」

ヴェネツィアの館に住んだ文学者。左からジェイムズ、ラスキン、ハウエルズ——第六章「家」

「わたくしの欲望の力が呼び起こした幻にすぎないのではないか」（レニエ）
——終章「別れ」／ホイッスラー画

まえがき

ヴェネツィアはヨーロッパの京都なのだと思うことがある。ヴェネツィアの観光名所、聖マルコ聖堂の見学には、金閣寺拝観と同じくらい長い列ができる。そして京都と同じように、ヴェネツィアでも、先生らしい人に引率されて、ヨーロッパの小中学生の集団がぞろぞろ歩いているのを、よく見かける。その集団が、ときどき、彫像の前などで立ち止まり、引率者の説明を受ける。集団が無表情に説明を聞いているのも、京都に来ている修学旅行の生徒たちの場合と同じである。つまらないのだろう。

ヴェネツィアと京都は、ほぼ同じくらい長い歴史を背景に持っている。平安京に都が移されたのは、誰もが知るように、七九四年である。ヴェネツィア本島に、統領政府が移されたのは八一〇年である。そしてヴェネツィアと京都は、数十年前後して首都でなくなった。京都が首都でなくなったのは、一八六八年である。ヴェネツィアの共和政体が崩壊し、帝国の首都でなくなったのが、一七九七年である。どちらもおよそ千年間首都だったわけである。

町の広さにも、あまり違いはない。平安京は、東西およそ四キロメートル、南北およそ五キロメートル。ヴェネツィア本島は、東西およそ五キロメートル、南北およそ二・五キロメートル。

しかし、「世界遺産」への登録のされ方にも表れているように、ヴェネツィアは京都よりさらに歴史遺産の凝縮度が高い。「世界遺産」では、京都は、「古都京都（京都市・宇治市・大津市）の歴史的建造物」として登録されているが、ヴェネツィアは、「ヴェネツィアとその潟」として登録されている。京都については、散在する歴史的建造物が登録されたのに対して、ヴェネツィアについては、町全体とそれを取り巻く潟全体とが登録されている。点と面との違いがある。

京都はJR京都駅が象徴するように、現代都市である。そういう現代都市の内部と周辺との、あちらこちらに歴史的な建造物が混在している。しかし、ヴェネツィアは、十一世紀から十八世紀までの歴史的建造物のあいだに、稀に現代的な建物が混ざっているだけである。

英国の作家イーヴリン・ウォー（Evelyn Arthur Waugh, 1903-66）の随想に、こんな一節がある。

> 仮に新世界のあらゆる博物館が空にされ、旧世界のあらゆる有名建築が破壊されても、唯一ヴェネツィアが救われるなら、わたくしたちの生涯を喜びで満たすのに十分なものが残るだろう。まことに複雑で多様なヴェネツィアは、それ自体が、生き残っている最高の芸術作品なのである(1)。

ヴェネツィアは、京都よりもっと京都だ、とでもいったらよいだろうか。その背後には、他のヨーロッパ都市が急速に近代化を推進した時期に——そして京都も積極的に近代化を推進した時期に——、ヴェネツィアは近代化をうまく進めることが出来なかった不幸な歴史がある。しかし、ある時期から、この町は、近代化に乗り遅れたことが、むしろ幸いしたといえるようになったのも事実である。ヴェネツィアは今、人間に優しい環境をそなえた、芸術性豊かな町として、わたくしたちの目の前にある。

＊

ところで、わたくしたちは、京都近郊の宇治川を訪れ、橋の袂《たもと》から川の流れを見るとき、『平家物語』の一節を思い出しているだろう。

比《ころ》は睦月廿日《むつきはつか》あまりの事なれば、比良《ひら》のたかね・志賀《しが》の山、むかしながらの雪も消え、谷ゝの氷うちとけて、水はをりふしまさりたり。白浪《はくろう》おびたゝしうみなぎりおち、灘《せ》まくらおほきに滝なって、さかまく水もはやかかりけり。夜はすでにほの〲とあけゆけど、河霧《かわぎり》ふかく立《たち》こめて、馬の毛も鎧《よろい》の毛もさだかならず……(2)。

溜息の橋

京都のような町は、こういう文学的な表現が風景の興趣を豊かにしている場所である。風景を見る者は、目前の風景に、文学の記憶を重ね合わせて見ている。

ヴェネツィアもまた、京都と同様に、文学的表現が積み重ねられてきた場所である。たとえば、「溜息の橋」という観光の名所がある。建物から建物へ、小運河を跨《また》いで架けられているこの橋は、建造物としても面白いし、暗い小運河に、裂け目のような空が映って揺らいでいるなかに、ゴンドラが往来するのを見るのも面白い。しかし、英国の詩人バイロン（George Gordon Byron, 1788-1824）の有名な長編詩『チャイルド・ハロルドの巡礼、第四部 *Childe Harold's Pilgrimage, Canto IV*』（1818）が、この橋から始まっているのを知っていれば、興趣はさらに増す。

ぼくは、ヴェネツィアの溜息の橋の上に立った。
片側に宮殿、片側に監獄があった。
ぼくは、波のなかから建物が
魔法の杖の一振りで現れるように
現れ出るのを見た。
千年の歳月が、ぼくのまわりに、雲の翼を広げ
瀕死の栄光が、はるか昔に微笑みかける……(3)。

ヨーロッパ文化圏の人たちは、「溜息の橋」を見るときに、たぶんこの詩を思い出しているだろう。宇治橋の袂で、わたくしたちが『平家物語』の一節を思い出すのと同様である。どちらの場合にも、眼前の光景は、文学の記憶によって、豊かさを増している。

本書は、文学のなかでヴェネツィアがどう描かれてきたかを扱う四方山《よもやま》話である。わたくしは、しばらく、近代ヨーロッパ文学に描かれるヴェネツィア・イメージの歴史を調べてきたのだが、この小著は、その余滴だと思っていただければよい。なお、ここでいう文学は広義の文学で、詩や小説だけ

でなく、書簡や旅行記なども含んでいる。

ヴェネツィアを訪れる前か後に、この小著を乗り物のなかででもお読みいただければ幸いである。ヴェネツィアの町並みの面白味が増すと思う。ヴェネツィアを訪れる余裕のない方は、これだけお読みいただいても、それなりに楽しいだろうと思う。

この世の最大の喜びはヴェネツィアを訪れることである。それに次ぐ喜びは、ヴェネツィアについて書いたものを読むことである。こういったのは、はて誰だったか、うっかり失念してしまった。

ヴェネツィア 詩文繚乱　目次

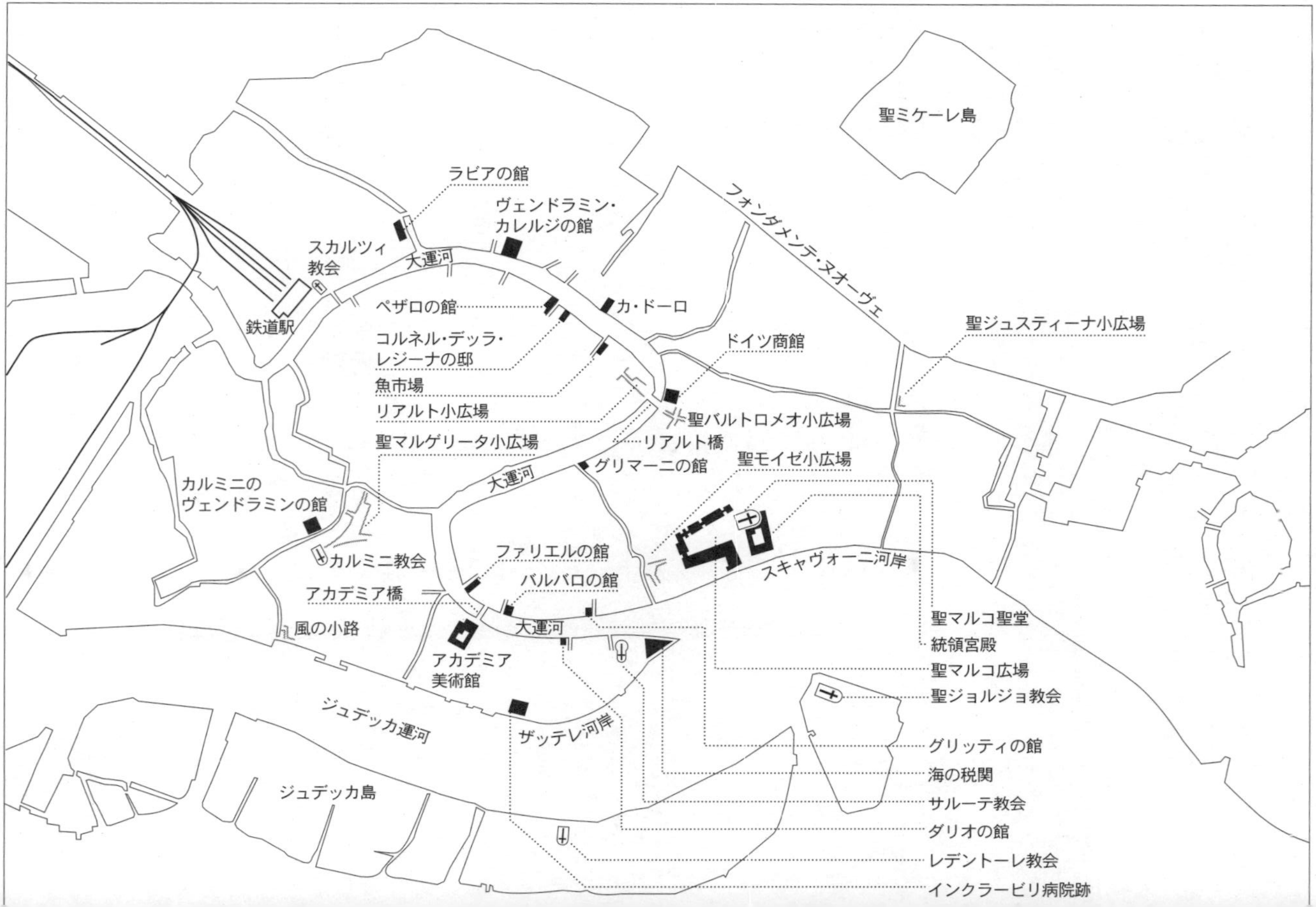

聖ミケーレ島
ラビアの館
ヴェンドラミン・
カレルジの館
スカルツィ
教会
大運河
鉄道駅
ペザロの館
カ・ドーロ
フォンダメンテ・ヌオーヴェ
聖ジュスティーナ小広場
コルネル・デッラ・
レジーナの邸
ドイツ商館
魚市場
リアルト小広場
聖バルトロメオ小広場
聖マルゲリータ小広場
リアルト橋
聖モイゼ小広場
グリマーニの館
大運河
カルミニの
ヴェンドラミンの館
カルミニ教会
ファリエルの館
スキャヴォーニ河岸
バルバロの館
アカデミア橋
大運河
風の小路
アカデミア
美術館
聖マルコ聖堂
統領宮殿
聖マルコ広場
聖ジョルジョ教会
ジュデッカ運河
ザッテレ河岸
グリッティの館
海の税関
ジュデッカ島
サルーテ教会
ダリオの館
レデントーレ教会
インクラービリ病院跡

序章　到着

日本からヴェネツィアへの直行便はない。アリタリア航空を使っても、国際線はミラノかローマ止まりである。そこから先をどうするかだが、イタリアの国内旅行を鉄道でおこなうことにすると、たとえばミラノで一泊しなければならなくなる。ミラノは魅力のある町だが、わたくしのようなヴェネツィアに恋している人間には、一泊の時間が待ちきれない。だから、いつも、ヴェネツィアに行くときは、すぐにヴェネツィア行きの国内便に乗り換える。

ヴェネツィア行きの国内便は、ミラノの空港を離陸すると三十分ほどで、ヴェネツィア上空に接近する。ヴェネツィアに着くのは夜になるので、あたりは真っ暗だが、飛行機が降下してゆくと、窓からは、ヴェネツィアの町に点《とも》されている無数の灯りが見え、島の形が認識できるようになる。ライトアップされている建物や尖塔の形も見える。幸いに、まだ生きていて、ふたたびこの町に来ることができた……そういう思いで、喜びがこみ上げてくる。

飛行機は、まもなくヴェネツィア空港（マルコ・ポーロ空港）に着陸する。空港は、ヴェネツィアから潟をあいだに挟んだ本土にある。空港からは、わたくしは、いつも、少し贅沢に、水上タクシーを利用することにしている。水上タクシーは、重い荷物のある身としては、そのまま宿の近くまで（運良く宿が水際にある場合には、直接宿まで）行けるのが便利なことも理由のひとつだが、理由はもうひとつある。広い潟《ラグーン》のなかの島ヴェネツィアには、船で接近してゆくと風情が増すからである。

空港からおよそ五キロメートル。水上タクシーのモーターボートは、闇のなかを、バウンドしながら高速で走ってゆく。逸《はや》る心に、この高速はうれしい。やがてモーターボートは、灯りの点々と点った黒いヴェネツィアに接近し、速度を落としながら運河にはいる。暗がりのなかで、運河の両岸に、黒く、背の高い建物がつぎつぎに姿を見せる。ところどころの窓には、灯りが点っている。ヴェネツィアに着いたのである。宿も、近い。

予備知識

現在、まったく予備知識なしでヴェネツィアを訪れる人はいないだろう。

新聞に載るイタリア周遊旅行の広告には、ヴェネツィアの運河やゴンドラの写真が使われていることが少なくない。イタリア旅行の案内書には、かならずヴェネツィアについての案内が含まれているし、この町だけを主題にした旅行案内書もある。テレビにも、ときどきこの町の映像が流れる。映画にも、この町を舞台にしたものが何作もあり、そのうちのいくつかは名作として知られ、ときどきリバイバル上映される。写真集にも、この町を主題にしたものが多数ある。本も、この町の特徴や歴史を扱うものが何冊か出版されている。

今、ヴェネツィアを訪れる人は、訪問の前に、これらのどれかにふれている。初めての旅であっても、町の外観や特徴について予備知識を持っているのがふつうである。

＊

時代を今から二百年ほど遡らせてみよう。すると、当時の人たちも予備知識を持ってヴェネツィアを訪れていたことがわかる。

十八世紀も終わりに近い頃（一七八〇年）、ベックフォードという英国人がヴェネツィアを訪れた。ベックフォード（William Beckford, 1759-1844）は、幻想物語『ヴァテック *Vathek*』(1786) の著者として知られている人である。

ベックフォード一行は馬車で陸路を走り、イタリア本土最後の集落メストレへ着く。今は広大な住宅街になっているメストレだが、当時は貴族の別荘の散在する閑静な村だった。ここからベックフォードはゴンドラに乗り換える。メストレの運河をすこし進むと小島があり、そこから先には潟が広がっていた。旅行記『夢、目覚めているときの思い、出来事 *Dreams, Waking*

聖ミケーレ島近景

Thoughts, and Incidents』（1783）の一節である。

この小島の先端のところを回ると、青色の海の広がりが眼前に開けた。海の懐《ふところ》からヴェネツィアの円屋根と塔がいくつも伸び上がっている。まもなく、ムラーノ島、聖《サン》ミケーレ島、聖ジョルジョ・イン・アルガ島など、いくつかの島々が、大きな塊《かたまり》から離れて見えはじめた。わたくしは、これらの島々に、古い知り合いとして挨拶した。無数の版画や絵画が、ずっと前から、島々の形を親しいものにしていたのだ（1）。

絵で見慣れたヴェネツィア風景を現場で再確認したのは、ベックフォードだけではない。数年後（一七八五年）のピオッツィ夫人（Hester Lynch Piozzi, 1741-1821）も同様だった。ピオッツィというイタリア風の名は、イタリア人と結婚したためのもので、本人は英国人である。ピオッツィ夫人は、パドヴァの町からブレンタ運河を船で下ってきた。これは当時一般的だったルートである。旅行記『フランス、イタリア、ドイツ旅行の観察と省察 *Observations and Reflections Made in the Course of a Journey through France, Italy, and Germany*』（全二巻、1789）の一節を読んでみよう。

わたくしたちは、ブレンタ運河を平底船で下ってきました。八時間で、ヴェネツィアが見えはじめました。ヴェネツィアを一目見ると、カナレットの絵で以前かき立てられた思いが、すべて蘇《よみがえ》ってきました。カナレットの描いたこの町の光景は、細部に至るまで正確です（聖ジェイムズ公

カナレットの絵 (*Canaletto*, SCALA, Slide 27)

園の王妃様の屋敷にあるものが、とりわけ正確です）。絵の光景があまりに正確ですから、わたくしたちは、現場に行く前に、有名な塔や尖塔などを全部知っていたのです(2)。

文中のカナレット（Giovanni Antonio Canal "Canaletto," 1697-1768）はヴェネツィア風景の描き手として有名な画家である。十八世紀の英国人は、カナレットの作品を、ヴェネツィア旅行の記念に購入することが多かったので、多くの作品が英国にあった。ピオッツィ夫人もそのいくつかを見たらしい。ちなみに、今もカナレットの作品は大半が英国に所蔵されている。

ピオッツィ夫人がヴェネツィアを訪れた翌一七八六年、詩人ゲーテ（Johann Wolfgang Goethe, 1749-1832）がヴェネツィアを訪れた。後年出版された『イタリア紀行 *Italienische Reise*』（1828）に、こんな箇所がある。

蛇のようなかたちに湾曲している大きな運河は、世界のどの街路にも劣らない。そして、聖マルコ広場の前の空間に比肩するものはない。わたくしのいっているのは、広場の面前で、ヴェネツィアそのものによって半月形に囲まれている大きな水面のことである。水面の上には、左に聖ジョルジョ・マッジョーレ島が見え、そのすこし右にジュデッカ島とジュデッカ運河が、さらにその右に、税関と大運河の入口が見え、そこで、二、三の大きな大理石の聖堂がわたくしたちに向かって輝いている。これが、概略をいえば、聖マルコ広場の二本の円柱のあいだから歩いて出たときに目にはいる主要なものである。全体の光景はしばしば銅版画にされているから、諸兄は容易にありありと認識できるだろう(3)。

このように、当時、ヴェネツィアについては、その光景を描いた絵画や版画が広まっていたし、またゲーテがいうように、「ヴェネツィアについては、すでに多くが語られ、本も出版されている(4)」のだった。ゲーテの時代の人たちも、現在と似て、文字情報や視覚情報にあらかじめふれたあとで、ヴェネツィアを訪れたのである。

十八世紀は(そしてその後もしばらくのあいだは)、外国旅行をするのはもっぱら上流階級の人たちだった。ゲーテはワイマール公国の閣僚で貴族、ベックフォードは大金持ちの貴族院議員、ピオッツィ夫人も社交界の一員で、「王妃様の屋敷」にはいれた人である。

当時、そういう上流階級のあいだには、ヴェネツィアに関する情報が行き渡っていたようである。現在は、ヴェネツィアに関する情報が普及しているが、その一方で、わたくしのような多くの庶民がヴェネツィアを訪れる時代に変わっている。そこで、ヴェネツィアに関する視覚情報・文字情報を必要と

大運河入口とジュデッカ運河

聖ジョルジョ島を遠望

カナレットの銅版画 （H.L.Piozzi, *Glimpses of Italian Society*）

する人たちの数と、情報の普及量という観点から考えてみよう。すると、十八世紀も今も、情報を必要としている人たちのあいだに必要な情報が普及している点では同じ、という結論になりそうである。

鉄道による到着

今、ヴェネツィアの町にはいるには、ふつう三通りのどれかによる。鉄道か自動車か船か。

鉄道による場合、列車はイタリア本土最後の駅メストレを出るとまもなく潟のなかを走りはじめる。潟には、鉄道橋が一直線に架かっている。全長およそ四キロメートル。窓外には、灰緑色の潟が広がり、島々や、小舟、多数の杭が見える。やがて、前方に多数の建物が見えるころ、列車は速度を落とし、鉄道駅にはいる。駅の構内を歩いて通り抜け、階段を降りると、そこは広場になっていて、前方に運河が流れ、向こう岸に建物が建ち並び、左方に大きな太鼓橋が見える。わたくしたちは、すでにヴェネツィアのなかにいる。

*

鉄道でヴェネツィアにはいっていく場面の印象的な映画があった。『旅情 *Summertime*』(1955)である。

『旅情』は、夏の休暇に(原題は『サマータイム』である)、アメリカの中年独身キャリアウーマンがヴェネツィアをひとりで訪れ、現地の中年男とつかの間の恋に落ち、悲しい別れが来る、という筋立てだった。キャサリン・ヘップバーンが、仕事に疲れてカサついたキャリアウーマンと、恋に燃えて輝く女とを演じ分けて秀逸だった。

『旅情』は、潟のなかにまっすぐ伸びた線路を疾走する列車の俯瞰《ふかん》からはじまる。ヴェネツィアという町の立地と、女主人公の気持ちとを、一筆書きで見せたのである。まもなく、女主人公は、列車の窓ガラスをぐっと押し下げ、活発な、がさつなしぐさで窓から身を乗り出し、携帯用8ミリカメラで、迫り来るヴェネツィアを撮影しはじめる。女主人公の日頃の生活態度と、はじめてヴェネツィアを訪れる気持ちの高ぶりとを伝える場面だった。

鉄道橋・自動車橋

＊

『旅情』の半世紀前、フランスの詩人レニエ（Henri de Régnier, 1864-1936）が、やはり鉄道で、はじめてヴェネツィアを訪れようとしていた。

アンリ・ド・レニエは、古今の文学者のなかで、ヴェネツィアをもっとも良く理解して表現した一人である。しかし、ヴェネツィアを訪れたのは意外に遅く、三十代半ばになってからである。それは十九世紀末、一八九九年のことだった。レニエがはじめてヴェネツィアを訪れたときの回想は、列車でヴェネツィアに近づいてゆく場面から始まっている。随想集『屋上テラス《アルターナ》――一八九九年〜一九二四年のヴェネツィア暮らし *L'Altana ou la Vie vénitienne 1899 - 1924*』(1928)の一節である。

レニエを乗せた列車は、イタリア本土のメストレ駅を出たところである。夜だが、月が明るい。メストレ駅では、「つぎはヴェネツィア」、というアナウンスがあった。

わたくしは目を閉じている。列車の走る音がしているが、耳のなかでは、先ほど停車したときに聞こえた「ヴェネツィア」という音が響いている。この音は、長らく待ち望んでいた瞬間が近づいているのを予告している。どれほど多くの旅行者が、これまで、この予告の音を聞いたことだろう。「ヴェネツィア」という音は、多くの魔力を備えたヴェネツィアの先触れである。この音は、わたくしの心を乱したほど、他の誰かの心を動かしたことがなかったに違いない。わたくしは、「ヴェネツィア」、と繰り返してみた。予想を、前もって味わってみようと思ったのではない。むしろ、唇に響きの調和が残るこの音を、他の人たちよりも声高に叫んでしまわぬようにするためだった(5)。

列車は、イタリア本土を少し走ったのち、潟へはいってゆく。

この列車は、なぜこんなにゆっくり進むのだろう。焦燥と期待とを紛らせるために、乗降口から外を見ることも、できなくはない。静かな平野には美しい月の光が溢れている。しかし、わたくしは、心を占めている考えからわたくしを遠ざけるようなものは、何も見たくない。到着の遅れを示す時計も見たくない。わたくしは、座席にじっと座ったままで幸せである。わたくしは客車の臭いや、シーツと革と石炭の臭いを吸い込んでいる。その臭いに、一瞬前から、新しい、独特の、知らない臭いが混ざっている。空気がふくらみ、そのなかに湿った柔らかな気だるさが染み通ったような感じだ。草と水、平野と溝、井草と土の臭いがする。この空気は、気持ちを麻痺させるようでありながら、居眠りをしている旅行者を覚醒させる(6)。

ヴェネツィアの空気に「湿った柔らかな気だるさ」が染み通っているというのは、じつに的確な表現だと思う。今も、空港の建物から一歩外に出たとたんに皮膚に感じられる空気である。

船による到着

わたくしは、冒頭でふれたように、空港からは水上タクシーでヴェネツィアへ向かう。しかし、何度繰りかえしてみても、暗闇のなかを船で疾走することには、夢のなかで何かをしているような、手応えのなさがある。ほんとうにヴェネツィアに向かっているのだろうか、このまま闇の世界のなかにはいってゆくのではないだろうか、という感じがすることもある。モーターボートは、やがてヴェネツィアの町にはいり、ゆっくり運河を走りはじめる。闇のなかに、黒い館がつぎつぎに伸び上がるように姿を現してくる。館の真っ黒な窓の窪みが不気味である。

イタリア本土とヴェネツィアとのあいだに鉄道橋が架けられたのは、十九世紀の半ば、一八四六年のことである。鉄道橋に沿って自動車用の橋が架けられたのは、さらにのち、一九三三年である。鉄道橋の架けられる一八四六年以前は、イタリア本土からヴェネツィアへ行く方法は船だけだった。

当時、本土からヴェネツィアに渡るのに使われた船は、もっぱらゴンドラである。潟をゴンドラに揺られながらヴェネツィアに向かう時刻は、夜になることも少なくなかったらしい。そのとき、旅行者は、今、水上タクシーでヴェネツィアに向かうのと似た気持ちになることもあったようである。

＊

ヴェネツィアがまだ鉄路で本土と結ばれていなかった一八四四年、英国の小説家ディケンズ（Charles Dickens, 1812-70）がヴェネツィアを訪れた。

ディケンズ一行はイタリア北部を乗合馬車で旅をした。数日間、旅を続けたディケンズは、昼夜ともに休息が取れず、意識が朦朧《もうろう》とした状態だった。ディケンズは、疲れて居眠りをしていたのだが、馬車が止まった衝撃で目を覚ます。いつのまにか、夜が更けている。旅行記『イタリアの光景 *Pictures from Italy*』（1846）の一節である。


しばらくのち（だと思うのだが）、馬車が止まったのでわたくしは目を覚ました。もうすっかり夜になっていて、わたくしたちは水辺にいた。そこには一艘の黒い小舟があった。小舟のなかには、同じ悲しい色の小さな家、というかキャビンがある。わたくしはキャビンのなかの椅子に座った。小舟は、ふたりの男が漕ぎ、海上の彼方にあるひとつの大きな光に向かって行った。

ときどき、風がもの悲しい溜息をつく。風は水を波立たせ、小舟を揺らし、黒雲を星より先へ飛ばす。こんな時刻に漂い去ってゆくのは、まことに不思議な気分だった。陸地を後ろに残し、海上の光に向かって進んでゆくのである。光は、まもなく、明るく燃えはじめた。今ではもう、ひとつの光でなく、蝋燭の光の束のようなものに変わっていて、水のなかから瞬き、輝いている。その光の束に向かって、小舟は、つぎつぎに杭で海上に標《しる》された、夢のような通路を通って近づいてゆく(7)。

ゴンドラは、闇のなかの潟をしばらく漕ぎ進み、墓場の島、聖《サン》ミケーレ島の側を通り過ぎる。

わたくしたちは、暗い水の上を五マイルばかり、先へ先へと漂っていった。そのとき、夢のなかで、水が間近《まぢか》の障害物に当たって立てるさざ波の音が聞こえた。目を凝《こ》らして外を見ると、暗がりをとおして、黒く巨大なものが見えた。岸辺のようだが、水に平面で接しているのが、筏《いかだ》に似ている。その脇を、今、わたくしたちは通り過ぎようとしていた。ふたりの漕ぎ手の頭《かしら》のほうが、あれは墓場です、といった。

海のなかの、そんな寂しい場所にある墓場に興味と驚きとをかき立てられて、見つめたが、墓場は航路の後方に退いてゆき、すぐに視界から消えた(8)。

やがて、ゴンドラはヴェネツィアの町へはいってゆく。

何がどうなったのかよくわからないが、つぎに気付いたときには、わたくしたちは街路を進んでいた。街路といっても、それは幻の街路なのである。家々は、水のなかから、両岸に立ち上がっている。われわれの黒い船は、家々の窓の下をすべってゆく。窓のいくつかには明かりが輝いていて、その反射光が、黒い水路の水深を測っているように見える。しかし、あたり全体が、森々《しんしん》と静まりかえっている。

わたくしたちは、そうして、水が満ちて流れる狭い街路や小路《こうじ》を進みつづけながら、この幽霊の町にはいっていったのである……(9)。

「幽霊の町」……今も、夜のヴェネツィアの運河を船で通ると、そんなふうに感じられる。

正面玄関からの到着

わたくしたちが、ヴェネツィアの町にはいる場合、鉄道を使えば、町の北方の潟に架かる橋を渡って鉄道駅に着く。自動車を使えば、鉄道橋に並行する橋を渡って駐車場に着く。空港からだと、陸上のバスやタクシーで、やはり潟の橋を渡ってバスの乗降所のある広場に着くか、水上バスか水上タクシーで潟を横切って町にはいる。どの交通手段を使った場合でも、ヴェネツィアの町の北方に広がる潟を横切って、町の北西端に到着する点では同じである。

しかし、ヴェネツィアは、本来は、正面が南の潟を向いている町である。南の潟に面する中央部には、町の玄関広間に相当する聖マルコ小広場《ピアツエツタ》もある。小広場の南端に立つ二本の円柱は、そこが玄関口であることを示している。

ヴェネツィアの正面玄関

町の正面玄関である聖マルコ小広場の東側には、かつて行政司法の中心だった統領宮殿《パラッツォ・ドゥカーレ》がある。統領宮殿の向かいには堂々とした聖《サン》マルコ図書館がある。統領宮殿の奥には、隣接して、町のもっとも重要な教会堂である聖マルコ聖堂があり、聖堂の西側に聖マルコ広場が広がる。聖マルコ広場は、町の大広間に当たる。

ヴェネツィアの町にとって、聖マルコ小広場こそが正面玄関であり、町の北端の鉄道駅や駐車場は裏口なのである。

今でも、大運河《カナル・グランデ》を船で下って、聖マルコ小広場の前に行くときには、潟から眺めるヴェネツィアの正面玄関がどれほど華麗なものかがわかる。また、船で潟の南東に伸びる砂州の島リドまで出かけた帰りには、町の正面玄関に近づいてゆく体験ができる。

映画『旅情』の女主人公や、レニエ、ディケンズはヴェネツィアへ裏口からはいった人たちである。しかし、この町へ正面玄関からはいってゆく場面の印象的な小説と映画があった。

＊

ドイツの作家トーマス・マン（Thomas Mann, 1875-1955）に『ヴェニスに死す *Der Tod in Venedig*』（1913）という有名な中編小説がある。この小説の主人公は、二十世紀初頭としては異例のルートでヴェネツィアへ行く。じつは、この主人公も過去に何度かヴェネツィアを訪れたときには、鉄道を使い、北方から潟の橋を渡って鉄道駅へ到着したらしい。ところが、今回の旅行は、はじめ目的地が定まらなかったため、一旦アドリア海東岸に行き、そこに短期間滞在したのち、方向を転じて、ヴェネツィアを目指した。そのため、客船を使って、アドリア海を東から西へ横切り、ヴェネツィアへ行くことになったのである。

主人公の乗る客船は、どんより曇って、ときどき霧雨の降るなかを進んでゆく。やがて右手に海岸が見え、左手に砂州の島リドが姿を見せる。船は、砂州と砂州とのあいだの入り口を抜け、潟にはいり、そこで検疫のために一旦停船させられる。それから、船は、また動きだし、潟のなかを進んでゆく。船上の主人公は、近づいてくるヴェネツィアの正面玄関の様子を見ながら、こう考える。

こうして彼はまた、あの驚くべき船着き場を見た。かつての共和国が、近づいてくる航海者の畏敬に満ちた眼の前に置いてみせた、あの幻想的な建築物の魅惑的な組み合わせを見た。宮殿の軽快な見事さ、溜息の橋、岸辺の獅子と聖者とを載せた円柱、おとぎ話のような聖堂の華麗に突き出た側面、門道と大時計とを見通す光景。それを見ながら、彼はつくづく思った。陸路でヴェネツィアの鉄道駅に着くのは、宮殿に裏口からはいるのに等しい。人は、今わたくしがしているように、船で、大海を越えて、この不可思議な町に到着するに如かないのだ、と(10)。

マンのこの小説は、六十年後、ヴィスコンティ (Luchino Visconti, 1906-76) 監督によって映画化された。映画『ベニスに死す *Morte a Venezia*』(1971) は、冒頭で、夜明けの海面をこちらに向かってくる蒸気船を見せる。ついで画面は日中に変わり、主人公を乗せたこの客船からは、右手に干潟が遠望される。船は、それから砂州と砂州とのあいだの入り口を抜ける。すると、前方にヴェネツィアの町の正面が遠望される。船は潟のなかを走る。しばらくのち、船上の主人公の視角から、町の正面玄関の建物——聖マルコ図書館と聖マルコ聖堂の円屋根——が大写しにされる。

映画『ベニスに死す』のこの導入部分も、ヴェネツィアという町の正面玄関に近寄ってゆく気持ちを良く伝えるものだった。

第一章　広場

よほど裕福で、大運河沿いの高級ホテルの、運河に面した部屋に宿泊するような場合は例外だが、ヴェネツィアの宿で、見晴らしの良い部屋に泊まれることは、まずないだろう。すくなくとも、わたくしには、これまでそういう経験がない。ヴェネツィアは、密集する建物のあいだを、路地や狭い運河が複雑に巡っている町だから、路地や運河越しに窓と窓が向き合うような部屋に泊まることになってしまっても仕方がないのである。宿ばかりではない。今わたくしが仮住まいをしているアパートメントも、この町としてはわりあい広い部類にはいるようだが、あいにく路地の奥にあり、狭い運河を挟んで、向かいの建物の窓に相対している。

ヴェネツィアは、周囲を潟で囲まれている町である。潟は天然のすぐれた市壁の役目を果たしたのだが、その一方で、人口が増加しても、他のヨーロッパ都市のように、古い市壁を取り壊して、市域を広げてゆくことは出来なかった。この町は、限られた空間のなかに、条件の許すかぎり背の高い建物を、条件の許すかぎり密集させて立てるしかなかったのである。

路地脇や水路脇の狭い空間に宿泊したり、生活したりしていると、広いところに出てゆきたくなるものである。広いところの代表は広場である。ヴェネツィアは、わたくしの住む東京の一市（武蔵野市。東西六・四キロメートル、南北三・一キロメートル）より一回り小さな市域しかないのだが、そこに百を越える広場がある。密集の町ヴェネツィアは、また広場の町でもある。狭くて暗い路地を抜け出て、明るい広場にはいったときの開放感は格別である。わたくしには、これらの広場は、密集生活をしていたヴェネツィア人たちの精神の生理が要求したものだと思える。息の詰まる住環境のストレスを解消する場所だったのだろうと。

聖マルコ広場

雨の日の聖《サン》マルコ広場は美しい。観光客の大波に覆われない石畳は艶やかに、広場の周囲の建物の灯りを映し出している。建物の柱や壁の黒ずみも、このときは、水の潤いに紛れて目立たない。広場の東には、聖マルコ聖堂が、白い夢のように浮かんでいる。こういう様子を、広場を巡る拱廊《アーケード》の柱に凭《もた》れて眺めていると、いつまでも飽きることがない。

初春の晴れた日の昼下がり、広場の北側の、日溜まりになる場所のカフェの椅子に凭れているのは、この世で味わえる最高の快楽のひとつだろう。広場には、人が群がり、記念写真を撮ったり、鳩に餌をやったりしている。古めかしい音楽を奏でている楽隊の向こうには、聖マルコ聖堂が白く輝き、黄金の装飾が陽光にきらめいている。空は、ひたすら柔らかに青い。
夏の夜、拱廊に置かれている、カフェの革張りの椅子に座り、食後酒をなめながら、無数の灯火が輝く広場を眺めているのも、まことに心地がよい。楽隊席の向こうの、広場に置かれたテーブルには客が憩い、その向こうの薄闇のなかを、白い人影が散策し、さらにその向こうには、こちらと同様に、広場のなかにテーブルを広げたカフェがあって、楽隊が演奏している。聖マルコ聖堂は白い亡霊のようだ。

ヴェネツィアの広場は、いくつかの建物の正面《ファサード》で囲まれて出来ている場所である。聖マルコ広場《ピアッツァ》も例外でない。この広場は、東側を、広場の名の由来する聖マルコ聖堂の正面、北側を旧財務官邸《プロクラティーエ・ヴェッキエ》の正面、南側を新財務官邸《プロクラティーエ・ヌオヴェ》の正面、西側をナポレオン翼《アーラ・ナポレオニカ》の正面で囲まれて出来ている。

聖マルコ広場のカフェ

この広場の東南の部分は閉じられないで、そこから南に向けてやや小規模な広場が開けている。聖マルコ小広場《ピアッツェッタ》である。この小広場は、東側を統領宮殿《パラッツォ・ドゥカーレ》の正面、西側を聖マルコ図書館の正面で挟まれ、南側を潟で区切られている。潟の近くに、二本の高い石柱が立っている。これは、いわば門の役割の柱である。この門の手前で船を降り、そこを通り抜け、前庭である聖マルコ小広場を歩いて、奥の聖マルコ広場へはいるのを想像してみればよい。

聖マルコ広場は、東西に広く、南北に狭い。そして、西側が少しすぼまる形になっている。東西の長さはおよそ二百メートル、南北は広いところで百メートル、狭いところで七十メートルある。かなり広い空間である。路地を通り抜けてきて、この広場に出ると、その対照から、とりわけ広く感じられる。

聖マルコ広場を形成している建物のなかでは、聖マルコ聖堂がいちばん古くて、十一世紀に建築の始まった建物である。つぎに古いのが、北側の旧財務官邸で、十六世紀の建物、そのつぎが、南側の新財務官邸で、十七世紀の建物である。いちばん新しいのが西側のナポレオン翼で、これは十九世紀初頭、ナポレオンの支配時代に、聖ジェミニアーノという名の教会を取り壊して建てたものである。

北側、南側の建物は三階建てで、一階には、いずれも拱廊《アーケード》が続き、その奥に部屋が並んでいる。西側のナポレオン翼は二階建てだが、この一階も拱廊である。

旧財務官邸、新財務官邸、ナポレオン翼は類似した建物である。なるほど、こまかに見れば、旧財務官邸は装飾が簡素なのに対して、残り二つの建物は装飾が豊富だという違いがある。建築様式も違う。しかし、一階の部分に同じ大きさの拱廊アーチを繰り返すというパターン、その上の階に同じ大きさの窓を繰り返すというパターンが類似している。そして、旧財務官邸では、拱廊アーチが五十個、窓はその倍の百個が連なり、新財務官邸では、拱廊アーチと窓が三十六個ずつ連なり、ナポレオン翼では拱廊アーチと窓が十五個連なるのだが、これほど多くのものが繰り返されると、その連続感とリズム感は圧倒的である。その結果、新旧の財務官邸とナポレオン翼は類似感が優勢になる。

そういう等質感の強い建築物で出来た細長い空間の東に、おとぎ話から抜け出たような聖マルコ聖堂が見えるのが、聖マルコ広場である。新旧の財務官邸とナポレオン翼とで形成されている空間と、聖マルコ聖堂とのあいだには強い対照がある。

聖マルコ聖堂と広場

聖マルコ小広場

聖マルコ広場

新旧の財務官邸とナポレオン翼

また、聖マルコ小広場《ピアッツェッタ》では、西側の聖マルコ図書館には、新旧の財務官邸と同様のパターンが連続しているが、東側の統領宮殿はゴシック様式の華麗で不思議な建物である。この小広場の空間も、対照を内包している。

＊

聖マルコ広場の景観については、賞賛した人たちも、しなかった人たちもいる。十七世紀初頭の旅行者コーリャット（Thomas Coryat, 1577?-1617）は、賞賛組だった。旅行記『見たまま聞いたまま *Crudities*』（1611）の一節である。

この町全体のなかでいちばん美しい場所は、聖マルコの「ピアッツァ（広場）」である……、その美しさは驚くばかりに類《たぐ》い希なもので、キリスト教圏、異教圏のどの場所もここにはかなわない。呆気《あっけ》にとられるほどの輝かしさに、わたくしは、はじめて広場に足を踏み入れたときは驚嘆し、忘我の状態となった。なぜなら、ここには、天下のどの場所にもないような壮麗な建築物があるからだ(1)。

十九世紀、一八六〇年代のヴェネツィア領事ハウエルズ（William Dean Howells, 1837-1920）も、この広場の美しさを讃えた一人だった。滞在記『ヴェネツィア暮らし *Venetian Life*』（1866）の一節である。

仮に、ひとまとまりの立派な建物が何かに敬意を表するということがあるとするなら、聖マルコ広場はその敬意に十分応えている。ヴェネツィアのなかでそうだというだけではない。世界全体でいっても、そうである。世界のなかのどの広場も、これほど美しい境界のなかに置かれてはいないだろうからだ(2)。

わたくしが最初に住んだ場所は、聖マルコ広場をわずかに一歩出たところにあった。そのように近いところにいたから、わたくしは早くから広場の美しさに馴染むようになった。しかし、三年そこに住んでいたあいだ、日々の散歩で広場を通り過ぎるたびに、その甚だしい美しさを、初めと変わらぬ新鮮な気持ちで感じたものである(3)。

しかし、もう一方には、この広場を好まない人たちもいた。ハウエルズの百年前の歴史家ギボン(Edward Gibbon, 1737-94)は、聖マルコ広場を、「わたくしがこれまで見たなかで最悪の建物で飾られ、水よりも陸地の多い点だけが見事な大広場(4)」と、けなした。同じ十八世紀人の学者ブロス(Charles de Brosses, 1709-77)も、こんな感想を書き残している。『イタリアからの私信 *Lettres d'Italie*』の一節である。

聖マルコ広場は、広く喧伝《けんでん》されるものなので、かぎりなく壮大な広場だと信じておられるかもしれません。実物は、それよりはるかに劣ります。なるほど、しっかり造られていますが、壮大さの点でも、建物の印象の点でも、パリのヴァンドーム広場よりずっと劣っています(5)。

聖マルコ広場の景観に関する判断には、聖マルコ聖堂を美しく感じるかどうかが大きく関わっているのだが、その点は別の章で扱うので、ここでは違う側面に注目しようと思う。

*

今、聖マルコ広場に集まる人たちは国際的である。イタリア人は無論のこと、米国人、英国人、フランス人、ドイツ人、スペイン人、中国人、中近東の人たち、それに日本人の姿も目立つ。国際観光都市ヴェネツィアのなかの中心的観光スポットならではである。

しかし、聖マルコ広場の国際性は今に始まったことではない。ここは、数百年来、いつもさまざまな国から来た人たちの集まる空間だった。

すでに四百年前のコーリャットが、この広場の国際性に注目していた。『見たまま聞いたまま』(1611)の一節である。

ここでは、あらゆる種類の民族衣装を見ることができるし、キリスト教圏のあらゆる言語と、野蛮な諸民族の話す言語とを聞くことができる。一日に二度、午前六時と十一時のあいだと、午後五時と八時のあいだの人出は夥《おびただ》しい。それゆえ、(上品な著述家某がいうとおり)これはウルビス・フォールムというよりオルビス・フォールム、つまり、都市の広場ではなく世界の広場というのがふさわしい(6)。

コーリャットの数十年後にこの広場を見た司祭ラセルズ(Richard Lassels, 1603-68)も、集まる人たちの国際性に目を留めていた。『イタリアの旅——完全なるイタリア周遊 *The Voyage of Italy: or A Compleat Journey through Italy*』(死後出版、1670)の一節である。

この広場では、夥しい外国人がいつも歩いて売買や取引の相談をしている姿が見られた。ギリシア人、アルメニア人、アルバニア人、スロベニア人、ポーランド人、ユダヤ人、さらにはトルコ人といった人たちである。いずれも独特の衣服を身につけているが、ものを高く売り、安く買おうと企んでいる点では同じである(7)。

十八世紀前半(一七三九年)のブロス(1709-77)の眼も、広場に集まる「トルコ人、ギリシア人、ダルマチア人、あらゆる種類のレバント人〔=地中海東岸の人たち〕」の姿を捉えていた(8)。十八世紀後半(一七八〇年)には、文人ベックフォード(1759-1844)も、聖マルコ広場で、近東やギリシア出身の人たちの数が多いのに驚いていた。

わたくしは広場の群衆のなかに多数の近東人がいるのを眼にし、トルコ語やアラビア語がどの一角でもつぶやかれるのを耳にした。ある一角ではスロベニア方言が優勢だったし、別の一角では、ギリシアのどこかの、ほとんど理解できない方言が聞かれた。仮に聖マルコ教会があの驚くべきバベルの塔であり、聖マルコ広場がバビロン市の中央広場だったとしても、これほど甚だしい言語の混乱はありえなかっただろう(9)。

十九世紀半ば（一八四九年）、評論家ラスキンの新妻エフィー（Effie Ruskin, 1828-97）も、聖マルコ広場について、手紙に、こう書いていた。

> そこ〔＝聖マルコ広場〕では、毎晩、オーストリアの軍楽隊が演奏します。これは、わたしが今まで聞いたなかでいちばん訓練の行き届いている楽隊で、総勢六十人くらいです。その時刻になると、ヴェネツィアの人たち全部が広場にはいってくる感じです。広場は広大な客間のようで、広場の周りの拱廊《アーケード》からガス灯で明るく照らされています。拱廊の下には、ありとあらゆる紳士や淑女たちが腰掛け、コーヒーや氷水を飲んだり、葉巻をくゆらせたりしています。広場の中央には、男、女、子供、兵隊、トルコ人、立派な民族衣装のギリシア人といった人たちが、ぎっしり集まっています[10]。

二十世紀初頭の聖マルコ広場については、フランス作家モーラン（Paul Morand, 1888-1976）の回想がある。モーランは、広場を繰り返し訪れていたフランス人の様子を語る。随想集『折々のヴェネツィア *Venises*』（1971）の一節である。

> ヴェネツィアのフランス人たちは、夕食を終えると、聖マルコ広場でまた会っていたものである。夕食は、質素な民宿で済ませるか、運良く誰か爵位を持つ女主人の豪華な食堂で食べた後だった。……彼らは、これこそが人間という人たちだった……この仲間たちは、当時のフランス人らしく思慮深い人たちだった。まことに気むずかしく、博学で、万事の軽重を知り、趣味は非の打

ち所が無く、ひたすら謙遜で、流行を嫌い、独特の話しぶりで、「昔はそうはしなかったものです」、というのだった[11]。

モーランはまた、広場に来ていたヨーロッパ各地の上流階級、とりわけオーストリア貴族のことも記憶している。聖マルコ広場には北にクワドリ、南にフロリアンという、今も営業している高級カフェがあるが、これら二軒のカフェの名を挙げながら、モーランは、こういう。

カフェ・クワドリとカフェ・フロリアンとのあいだでは、ヨーロッパの社交界全体が臨終の時を迎えようとしていた。フランス人だけではない。森の古木であるフランツ＝ヨーゼフ皇帝は、その没落とともに、あらゆるものを埋葬しようとしていたのである。オーストリア貴族たちは、毎年決まってヴェネツィアへやって来た。鹿狩りの時期が来れば、シュティリアやチロル地方に一ダースほどある館へまた戻ってゆくのだが、それまでここで待っていたのである。彼らは狩装束だった。天頂が兎革のモスグリーン色の帽子をかぶり、ローデン織りのケープを羽織って、ロシア革の臭いと、ボロメのマグノリアの香りを漂わせていた……[12]。

そして第一次世界大戦後。英国の随筆家E・V・ルーカス（E. V. Lucas, 1868-1938）は、一九二〇年代の聖マルコ広場について、つぎのように書いている。旅行記『ヴェネツィア漫歩 *A Wanderer in Venice*』（1914; 1923）の一節である。まず昼間の様子。

昼間は、広場にいるのはヴェネツィア人よりも外国人が多い。じつのところ、眼に留まるヴェネツィア人は、給仕たち、写真家たち、ガイドたち、それに写真家の仕事を眺めている、一群の使い走りの少年たち……だけである(13)。

夜の広場はどうか。まず、最初にやってくるのがヴェネツィア人だが、そのつぎに英国人と米国人がやって来る。

……それから、ホテルで夕食を済ませた後、九時十五分頃に、英国人と米国人がやって来る。ヴェネツィアは米国の都市同然とまではいわぬにしても、観光シーズンの聖マルコ広場は、まちがいなく米国都市の目抜き通り同然のものになっている(14)。

ルーカスは、英国から新婚旅行に来ているカップルたちに眼を留める。

見ていていちばん楽しいのが英国の新婚旅行客たちである。若い花婿は……ディナージャケットに黒のネクタイを締めている。これが花嫁を気遣うこと、気遣うこと。ほっそりした花嫁は、髪にかわいい巻き飾りをつけている。花嫁たちには、ヴェネツィアに来るのは、これが最後になるかもしれないし、最初になるのかもしれない。花嫁たちは、ぜひともヨーロッパ風に振る舞おう、そして寛容であろうとしている。感心、感心。新婚旅行客たちは、広場を何度も何度も歩き回るか、コーヒーを飲みながら話をする。これで、他の英国人たちさへいなければ、ほんとうに幸せで、傍目を気にせず、べたべたするところなのだろう(15)。

そして、第二次世界大戦後。米国の作家メアリー・マッカーシー(Mary McCarthy, 1912-89)は、夕方、聖マルコ広場に集まってくる人たちについて、こう書いている。滞在記『ヴェネツィア観察 *Venice Observed*』(1956)の一節である。

ヴェネツィア人たちは、夕方、そぞろ歩きに出かけるときに……聖マルコ広場を避けない。ヴェネツィア人は旅行者たちを見に行き、旅行者たちはヴェネツィア人を見返す(16)。

マッカーシーの見るところでは、二十世紀半ばの旅行者たちのなかでは、ドイツ人と米国人が多かったようである。

外国人が外国人たちに対して苦情を言うのは、いつの時代も変わらぬ繰《く》り言《ごと》である。じつは、その苦情は、聖マルコ広場は「トルコ人、リビア人、パルタイ人など、海の怪物たち」で一杯だ、といった中世の修道士の言葉に声を合わせているのである。今はドイツ人について、わたくしたち米国人が苦情を言い、おそらくドイツ人は米国人について同じ苦情を言っているにちがいない(17)。

*

ここまで、聖マルコ広場に集る人たちが国際的だった様子を見てきた。しかし、目ざとい読者はすでにお気づきかもしれない。一口に国際的といっても、その中身は時代とともに変化してきている。

十七世紀から十八世紀の終わりにかけて、コーリャット、ラセルズ、ブロス、ベックフォードが広場で目撃した国際色豊かな人々は、多くの場合、交易か商売が目的の人たちだったろう。ラセルズが、「いずれも独特の衣服を身につけているが、ものを高く売り、安く買おうと企んでいる点では同じ」、と書いているのが注目される。

都市国家ヴェネツィア（＝「ヴェネツィア共和国」）の黄金時代は、十三世紀から十五世紀だったといわれる。たしかに、国外への膨張力、強力な海軍、東西交易の独占性という側面を見れば、この三世紀間はヴェネツィアの最盛期だったろう。しかし、ヴェネツィアは、衰退期といわれる十六、十七、十八世紀にも、ひたすら下降線をたどったのではない。むしろ、経済面だけを見るなら、好況と不況とを繰り返しながら、十八世紀末の共和国消滅まで活発な経済活動が続いていた(18)。

ヴェネツィアは、良く知られているように、東方からもたらされる物産（その代表は香料）とヨーロッパからもたらされる物産（その代表は銀・銅）が集まり、取り引きされる市場だった。ヨーロッパの玄関口に位置する国際市場だったわけである。ヴェネツィア市場の独占性は、いわゆる盛期には高く、衰退期には、おおむね低下していった。市場で取り引きされる産品の種類にも盛衰があり、たとえば十七世紀以後は香料の入荷が激減した。しかし、ヴェネツィアに入港する船舶の総トン数は、共和国消滅直前の一七八三年にピークを迎えたらしい(19)。

ヴェネツィア市場の国際性を良く表していたのが、外国商人用の商館の存在である。この種の商館には、ドイツ商館、トルコ商館、ペルシア商館があった。商館は、宿泊施設と倉庫とを兼ねたもので、ヴェネツィア政府が用意した。ちなみに、ドイツ商館の「ドイツ」は、純然たるドイツ商人のほかに、オーストリアや、ボヘミア、ハンガリーから来る商人たちも含めた呼び名だった。

　このほか、共和国時代のヴェネツィアにはユダヤ人、ギリシア人、ダルマチア人、アルバニア人、アルメニア人、英国人、スラブ人や、ヴェネツィア以外のイタリア出身者がいた。十六世紀には、こういう外国人が人口の一割ほどを占めていたという[20]。現在の東京で、住民登録をしている外国人はわずかに二・四六%（二〇〇〇年度統計）にすぎない。東京も、旅行者の数を加えれば、外国人の数は大きく増えるが、それにしても、共和国時代のヴェネツィアの国際性は際立っている。その国際性は、ヨーロッパのなかでも異例のものだった。コーリャットやラセルズのような旅行者が、外国人の多さに目を見張ったのも、もっともなことだったのである。

ドイツ商館（現中央郵便局）

*

　さきの引用で見たとおり、作家モーランは、聖マルコ広場を訪れるオーストリア人に眼を留めていた。それは第一次世界大戦直前の広場の様子だった。オーストリアとヴェネツィアとのあいだには、十九世紀への転換期からそのときまで、緊密な――そして不幸なことも少なくない――関係が続いていたのである。

　一七九七年五月、ヴェネツィアでは五百年間続いた貴族政治が終わり、千年続いた独立国家が倒れた。いわゆる「ヴェネツィア共和国」が消滅したのである。こののち、ヴェネツィアは、わずかな独立期間を除いて、七十年近い異民族支配を経験することになる。

異民族統治の経過は、つぎのようなものだった。少し込み入っているが、ざっと浚《さら》っておこう。

一七九七年に貴族政体が崩壊したのは、イタリアへ侵攻してきたナポレオン軍の圧力に屈したものだった。貴族制が崩れると、ヴェネツィアには臨時政府が置かれ、フランス軍が進駐した。ところが、この年の十月には、ヴェネツィアはナポレオンによってオーストリアに委譲されてしまう。

翌一七九八年には、オーストリア軍が進駐し、ヴェネツィアはオーストリアの支配下に置かれた。第一期のオーストリア支配の始まりである。

このオーストリア支配は短期間だった。ナポレオンの勢力が伸びて、一八〇五年には、ヴェネツィアはナポレオン勢力下の「イタリア王国」に編入されたからである。その翌年には、ヴェネツィアにふたたびフランス軍が進駐した。

その後、一八一四年にナポレオンが没落すると、ヴェネツィアはまたオーストリアの支配下に置かれ、オーストリア軍が進駐する。こうしてオーストリア支配の第二期が始まった。これは三十年以上続く。

一八四八年、ヴェネツィア人は、オーストリアに反抗・独立するが、翌四九年には降伏を余儀なくされる。こののちが、オーストリア支配の第三期である。これは二十年近く続いた。

一八六六年、イタリア独立戦争の過程で、ヴェネツィアは、フランス皇帝ナポレオン三世の手を介して、「イタリア王国」に譲渡された。この「イタリア王国」はナポレオン一世時代のものとは別物で、サルデーニャ王の下で統一された民族国家である。この譲渡を受けて、ヴェネツィアにはイタリア王国軍が進駐する。そして住民投票が実施され、ヴェネツィアは「イタリア王国」に統合された。こうして、ヴェネツィアはひとまず、異民族支配を脱して、新生の民族国家の一都市となった。

オーストリアによるヴェネツィア統治は、第一期（一七九八年〜一八〇五年）、第二期（一八一四年〜四八年）、第三期（一八四九年〜六六年）を合計すると、五十八年の長きにわたったのである。これは、かつて日本帝国が朝鮮半島を支配していた期間よりもずっと長い。

＊

ヴェネツィアが第一期のオーストリア支配を受け始めた年、一七九八年にヴェネツィアを訪れたドイツの作家アルント（Ernst Moritz Arndt, 1769-1860）は、夜の聖マルコ広場について、こんな記述を残している。

……ヴェネツィアでは、上品で美しい人たちすべてがひとつの広場に集まり、互いに愛想良く無秩序に、行きつ戻りつ、渦を巻いている。わたくしは聖マルコ広場のことをいっているのである。広場は、一千の明かりに照らされていて、驚くばかりに美しい。明かりは、財務官邸（広場を両側から取り囲んでいる）の拱廊《アーケード》の下にある部屋々々から出ている明かりである。拱廊は、色とりどりの服装をした男女で溢れている……(21)。

この描写を見ると、聖マルコ広場は以前と変わらず平和で、人が溢れていたようである。

ところが、この四年後の一八〇二年にヴェネツィアを訪れたドイツ人旅行者ゾイメ（Johann Gottfried Seume, 1763-1810）の観察は、それとは異なるものである。ヴェネツィアには外国の軍隊の存在が目立ち、町全体も窮乏している様子が窺《うかが》える。

ヴェネツィア共和国の政庁は、今ではまるで人気《ひとけ》が無くなっているし、リアルトは大砲で一杯だ。聖マルコ広場の端にも、港に向けて、オーストリアは大砲を六門置いている。その向かい、聖ジョルジョ教会のところにはフランスが砲台を据えていたのだが、これを、当然ながらオーストリア皇帝軍が受け継ぎ、増強した。リアルトの一部が武装されているのは、わたしには期待はずれだったが、聖マルコ広場の現状は、さらに期待はずれだった(22)。

ゾイメは、さらに、さびれた町の様子を描いてゆく。

軍隊の姿も、それにとりわけ住民の姿も、おおむね聖マルコ広場とリアルトと海軍工廠《アルセナーレ》にしか見られない。町のその他の区域はほとんど人気《ひとけ》がない。……ヴェネツィアで悲しいものは、貧困と乞食である。十歩も歩けば、かならず、心を引き裂くような表情で、どうぞお恵みを、と乞われる。貧困状態を目撃すると、嘆願ももっともなことだと思う(23)。

ゾイメの記述からも分かるように、オーストリア統治時代のヴェネツィアには、オーストリアの軍隊が駐留していた。フランス詩人ゴーチエ(Théophile Gautier, 1811-72)は、優雅な統領宮殿に置かれたオーストリア軍の大砲に嫌悪を感じている。旅行記『イタリア——イタリアへの旅 *Italia : Voyage en Italie*』(1852)の一節である。

聖マルコ小広場《ピアッツェッタ》に足を踏み入れた途端に出くわすのが、黄と黒のオーストリア軍哨舎と、黄塗りの砲架に載った四門の大砲である。砲口をふさがれ、後ろに弾薬車をしたがえている大砲は、いわば大砲の集積所とでもいったところに置かれているのだが、置かれている場所が、統領宮殿の、交叉リブで飾った拱廊《アーケード》と背中合わせのところなのである。どういう政治思想を持つかは別として、この光景は、さまざまに見事なものが調和しているなかで、一種の不協和音のような衝撃を与える。詩的なものの直中《ただなか》で、その野蛮さが、重々しい驚きを与えるのである（24）。

統領宮殿

英国の評論家ラスキン（John Ruskin, 1819-1900）は、オーストリアによる統治に対して全体的には好意的だったのだが、オーストリアの軍事施設にはやはり嫌悪を感じていた。一八五一年、ヴェネツィアから父に宛てた手紙のなかに、こういう一節がある。

> わたしは、聖マルコ広場の大砲やその向かいの浮き橋の側を通るたびに、ひどく腹が立つのです。そして、今では、ヴェネツィアの潟のどこにも「寂しい小島」がないことに怒りを覚えます。ほんとうに苛立たしいのです。どこへ行っても、以前なら島の教会の廃墟のなかに静かな小さな庭のあったところに、今では歩哨が立ち、火薬庫があります。統一性を持った場所が今ではどこにもないのです。どこの海岸も——近い

のも遠いのも——どこかが要塞的になっているか、さもなければ、軍事目的のために、どこかを無茶苦茶に取り去ったり造りかえてあります。そして古い修道院の窓からは、たいてい、クロアチア兵の顔が覗《のぞ》いているのです(25)。

すでに見たように、ラスキンの新妻エフィーは、聖マルコ広場では、「毎晩、オーストリアの軍楽隊が演奏します」、と書いていたが、これはヴェネツィア占領軍の軍楽隊だった。この女性はオーストリアびいきだったので、この軍楽隊を、「今まで聞いたなかでいちばん訓練の行き届いている楽隊で、総勢六十人くらいです。その時刻になると、ヴェネツィアの人たち全部が広場に入ってくる感じです」と、のどかに紹介していた。しかし、容易に想像されるように、ヴェネツィア人のあいだには、外国人支配者に与《くみ》する派と与しない派とがあって、両派は犬猿の間柄だった。

ヴィスコンティ監督作の映画『夏の嵐 *Senso*』(1954)を記憶されている読者もあるだろう。アリダ・ヴァッリの演ずる伯爵夫人とオーストリア軍将校との不倫の愛と裏切りの物語だが、背景となっているのが一八六〇年代半ばのヴェネツィアである。映画は、客席にオーストリア軍人の白い軍服の目立つフェニーチェ歌劇場で、反オーストリア派のイタリア人たちが、天井桟敷《さじき》から三色旗の色の紙を撒いて示威行動をする、印象的な場面から始まっていた。イタリア人である伯爵夫人は、夫は親オーストリア派だが、親族には反オーストリアの活動家がいるという、複雑な状況のなかで、占領軍の将校との恋におぼれたわけである。

一八六〇年代前半に米国領事として滞在していたハウエルズは、ジャーナリストとしても優れていた人で、当時のオーストリア人とイタリア人の様子をみごとに書き残している。ハウエルズは、聖マルコ広場のカフェ・フロリアンとカフェ・クワドリに眼を留める。フロリアンに集うのは、こういう人たちだった。滞在記『イタリア暮らし』の一節である。

政治的立場のさまざまに異なる人たちが、趣味の良い小サロンごとに集っていた。そういっても、小サロンに集まった人たちのあいだには、さらに立場の微妙な相違があって、たがいに交わろうとしなかった。イタリア人は、緑のビロードの家具で飾られた部屋に集まっていた。オーストリア人とオーストリア派のイタリア人たちは、赤ビロードの家具で飾った部屋をいつも使っていた(26)。

広場の向かいにあるのがカフェ・クワドリだが、ここは、オーストリア将校たちの溜まり場だった。金ボタンの白い軍服に満ちていたのである。

そこでは、軍服の輝きだけが見られた。暇つぶしは、オーストリア訛りのドイツ語によるにぎやかな会話だった。……将校たちは端正で、性格の良さそうな顔立ちをした、知性的な様子の人たちだった。……彼らは、世界中でいちばん格好の良い軍人たちだ。この格好の良い軍人たちが、自己流にまかせると、どれほどひどい服装をするかは、私服姿を見るまでわからない(27)。

カフェ・クワドリ

この後、イタリア側（ヴェネツィア側）は普墺戦争（一八六六年）の際に、プロイセン側についてオーストリアと戦う。映画『夏の嵐』の場面にもなった戦いである。イタリア側は戦闘では敗北するのだが、その後の外交の展開によって、ヴェネツィアはオーストリアから解放され、イタリア王国に統合される。

しかし、ヴェネツィアとオーストリアとの関わりは、これで終了したわけではない。一八八二年から、イタリアはオーストリアと軍事同盟関係にはいったからである。ドイツ、オーストリア、イタリアのあいだに結ばれたいわゆる「三国同盟」である。この関係は、第一次世界大戦中の一九一五年まで続く。

作家モーランは、三国同盟があったころのヴェネツィアとオーストリアとの関係を、つぎの言葉でまとめている。

ヴェネツィアは、オーストリア・ロイド社の白い商船――アドリア海の主人――の投光器に照らされて生きていた。そして、夕方、わたくしたちが聖マルコの四角い広場を歩いているとき、アンコールで演奏されていたのはシュトラウスの曲だった。三国同盟、つまり、イタリアとウィーンならびにベルリンとの同盟があったのだから、ヴェネツィアはほとんどオーストリア人のものだった(28)。

＊

ところで、ヴェネツィアがイタリア王国に編入された翌年の一八六七年、その後のヴェネツィアと外国人との新しい関係を象徴する出来事があった。英国の旅行会社トマス・クック社が、はじめてヴェネツィアへ、添乗員付きのツアー客を送り出したのである。ヴェネツィアが大衆観光地になってゆく先駆だった。

ヴェネツィアは長らく広い潟のなかに孤立している島だったが、一八四六年には、イタリア本土とのあいだに鉄道橋が架けられていた。一八五七年には、この鉄路はミラノと結ばれ、ヴェネツィアは、英独仏の人たちが鉄道を使って訪れることのできる場所になっていた。そしてさらに、一八七一年には、モン・スニ隧道《トンネル》が開通して、アルプスの北からヴェネツィアを訪れるのが、一段と容易になる。これ以後、観光客は一気に増え、毎年、数千人単位で訪れるようになったそうである(29)。

モーランが聖マルコ広場で目撃したフランス人たちも、ルーカスが目撃した英米人たちも、ほとんどは鉄道でヴェネツィアを訪れた人たちだったろう。十九世紀末から二十世紀初頭にかけてヴェネツィアを訪れつづけたレニエも、パリから鉄道を使ってヴェネツィアを訪れていた。そればかりか、二十世紀半ばにメアリー・マッカーシーが聖マルコ広場で目撃したドイツ人や米国人も、多くは鉄道で訪れた人たちだったろう。映画『旅情』(1955)の女主人公である会社秘書も、米国から客船で英国に渡り、ロンドンから飛行機でパリへ飛んだあと、パリからは鉄路を使いオリエント・エクスプレスに乗ってヴェネツィアを訪れていた。

こうしてヴェネツィアは、十九世紀後半から、鉄道の発達に助けられながら、観光を経済の中心とする都市への道を歩み始めた。さらにこののち、ヴェネツィアを訪れる交通手段としては、二十世紀になってから、自動車(潟をわたる自動車橋の完成が一九三〇年代)と航空機(マルコ・ポーロ空港の開設が一九五〇年代)も加わることになる。現在のこの町は、年間千二百万人が訪れる大観光地である(30)。その結果として、今わたくしたちの目の前の聖マルコ広場には、世界各地からの、まことに国際的な人たちが群れている。

ところで、さきほどの引用のなかで、モーランは、二十世紀初頭のヴェネツィアを、ほとんどオーストリア人のものだったといっていた。今のヴェネツィア、そして聖マルコ広場は、さて誰のものだろうか。イギリス人、アメリカ人、フランス人、ドイツ人、いずれも多い。わたくしは、ある宵、聖マルコ広場の拱廊《アーケード》を歩いていて、カフェ・フロリアンの楽隊が、広場の客席にいる日本人客たちのために、『瀬戸の花嫁』を演奏しているのを目撃した。今のヴェネツィアの幾分かは日本人のものになっているのかもしれない。

小広場

ヴェネツィアでは、「ピアッツァ」、つまり英語の「スクエア」に相当する言葉で呼ばれる広場は、聖マルコ広場（ピアッツァ・サン・マルコ）だけである。そのほかの広場は「カンポ」、さらに小さいものは「カンピエッロ」と呼ばれている場合がほとんどである。

小広場の数はすこぶる多い。この小さな町のなかに、九十以上の「カンポ」と二十近くの「カンピエッロ」がある。路地を何十歩か歩くと、どれかの小広場に出る。小広場の基本形は、教会の正面《ファサード》と、そのほか数軒の建物の正面とに囲まれた石畳の空間で、中央あたりに蓋着きの井戸がある、というものだ

聖ステファノ小広場

聖マウリツィオ小広場

が、基本形から外れている小広場《カンポ》も少なくない。

小広場は、それぞれに個性がある。住居のある場所の関係で、わたくしがひんぱんに通る小広場のひとつは、聖ステファノ小広場である。かなり広いこの小広場には、カフェがあり、レストランがあり、新聞雑誌販売所があり、薬屋があり、両替所があり、インターネットカフェもある。しかし、この広場は、リアルト橋とアカデミア美術館とを結ぶ幹線ルートに、聖マルコ広場から出た幹線ルートが直角にぶつかる場所であるために、通行用の広場という印象が強い。この広場から路地をひとつ抜けたところにある聖マウリツィオ小広場は、骨董屋と、ヴェネチアングラスの店と、果物屋がある。この広場は、聖マルコ広場と聖ステファノ小広場とのあいだを往来する通路なのだが、それでも夜になると暗くて寂しすぎるぐらいになる。しかし、そこから路地をふたつ抜けた聖モイゼ小広場は、一流ホテルや高級洋品店のある小広場で、脇の小運河にはゴンドラの乗り場があって、観光客の絶えない賑やかな小広場である。一方、まったく別の地区にある聖マルゲリータ小広場は、雑貨屋、洗濯屋、魚や青果を商う露天商など、生活に密着した店屋があるほかに、子供向けの玩具屋もある。カフェの数も多い。いかにも庶民という様子の人たちが、そういうカフェの椅子にたむろしていたり、犬をつれてベンチで憩っていたりする。子供たちが走り回ったり、ボールを蹴ったりする姿も絶えない。

*

ヴェネツィア東部の町はずれ、北側の潟に近いところに、昔は聖ジュスティーナという名の小さな教会があり、教会の前に小さな小広場《カンポ》があった。十八世紀も終わりに近い一七八六年、詩人ゲーテは、この小広場で盛大な儀式を目撃している。『イタリア紀行』の一節である。

わたくしは今朝早く、荘厳ミサに参列した。昔この日にトルコに勝利したので、毎年この日の荘厳ミサには、統領が、聖ジュスティーナ教会に出席することになっているのである。小さな広場に、統領と貴族の一部分とを載せた金色の船が数隻着く。変わった服装をした船員たちが、赤い色の櫂で漕いでいる。岸では、聖職者たちが立ち、押し合い、波打ちながら、待っている――点火した蝋燭《ろうそく》を、竿の先と携帯用の銀の燭台とに差している修道士たちである。それから、絨毯《じゅうたん》を打ち付けた橋が数本、船から陸へ伸ばされる。はじめに、長老委員たちの長い紫の服が、それから、元老院議員たちの長い赤い服が、敷石のうえに広がる。最後に、縁なしの金色のフリギア帽をかぶった老統領が、格別に長い金色のガウンを着て、アーミンの外套を羽織って降りてくる。

聖モイゼ小広場

聖ジュスティーナ小広場

三人の従者が、統領のガウンの裾を持っている。これらの事すべてが、教会の正面玄関前の小さな広場でおこなわれ、玄関前にはトルコの旗が出される。その様子を見ていると、突然、昔に織られた壁布を見ているように思えてくるのだが、それにしても、絵模様も色彩もじつに素晴らしい。北国出身の逃亡者であるわたくしに、この儀式は、たいそう喜ばしかった。わたくしたちのところでは、すべての儀式で短衣を身につけ、盛大と思える儀式では、肩に小銃をかついで行進するから、ここでのやり方では場違いだろう。しかし、この地には、このような引きずる裾と、穏やかな催しとがふさわしいのだ(31)。

ゲーテがこの荘厳ミサを見た十一年後(一七九七年)には、ヴェネツィア共和国は滅んだ。戦勝記念のこの儀式もおこなわれなくなって久しい。聖ジュスティーナ教会も今は廃され、高等学校の建物に使われている。すべてが変わってしまったのである。

詩人ゴーチエが描く聖モイゼ小広場の点景も、今では見られなくなったものの一つである。ゴーチエは滞在先の館の窓から、広場の様子を眺めている。『イタリア』(1852)の一節である。

橋には、若い娘たちが行き来する。工員か、尻軽の女工か、召使いなのか、長いショールを纏《まと》い、ブラウスにペチコート姿である。うなじには、撚《よ》りあわせた長い赤ブロンドの髪の毛がロープのように巻き付いている。ヴェネツィア絵画のあの愛すべき赤ブロンドの髪である。わたくしは、部屋の窓から、三百年前、『カナの婚礼』のためにポーズを取ったことを思い出さぬまま通り過ぎてゆく、パオロ・ヴェロネーゼのモデルたちに敬意を表した。老婆が数人、民族衣装ともいえる黒マント《バウータ》を頭から被って、ミサに遅れまいと急いでいる。聖モイゼ教会で、最後の鐘が鳴ったところなのである(32)。

さて今度は、この広場の側面を見ることにしよう。そこもやはり活気溢れた光景を呈している。揚げ物屋が、板と布の仮小屋を橋の袂《たもと》に建てて、店を開いているのだ。店の竈《かま》はいつも炊かれ、あたりの空気に、煙と、沸騰する油のすこし刺激的な香りとを混ぜ合わせている。揚げ物は、イタリア人の生活で大きな位置を占めている。飲食の節制は南国の美徳だが、これは容易に怠惰に堕して、家庭でほとんど料理をしない。戸外のこういう屋台店から、パスタや、衣揚げ、鶏の手羽、魚の揚げ物を買ってこさせるか、もっと形式張らない人たちは、その場で食べるのである(33)。

聖モイゼ小広場は、東側に聖モイゼ教会があるのはゴーチエが見た当時のままだが、今では、南側は、いかにも高級そうなバウアー・グリューンヴァルト・ホテルのガラス張りの玄関、北側には高級洋品店ヴェルサーチやプラダなどの店が並び、西側の橋を渡った袂に観光用ゴンドラの乗り場があって、さらにその西には高級洋品店フェラガモのビルが建ち、その先の銀行へと続く。ここは、ヴェネツィアでも少し気取った洒落《しゃれ》た場所である。通行人も観光客が目立つし、揚げ物の屋台店が出るような場所ではなくなってしまった。

ハウエルズは、この十年ほどのち、リアルト橋に近い賑やかな小広場に面した部屋を借りて住まい、その騒々しさに閉口している。一八六〇年代の聖バルトロメオ小広場の様子、『ヴェネツィア暮らし』の一節である。

聖バルトロメオ小広場

冬が過ぎるまえに、わたくしは住居を、聖マルコ広場の近くから、聖バルトロメオ小広場《カンポ》に面した場所に変えていた。聖バルトロメオ小広場は、聖マルコ広場からリアルト橋へ行くいちばん人通りの多い街路が通っているところである。これは、この町でいちばん小さな広場のひとつであり、いちばん騒々しい広場のひとつである。春は、耐え難い喧噪とともに、ここへ訪れる。わたくしは、三月始めに部屋を借りていた。そのときは、わたくしの窓の下の大騒ぎは快いさざめきでしかなく、わたくしには良い連れだった。しかし、冬が終わり、窓が開け放たれると、とても連れにはならないことが分かった(34)。

ハウエルズは、当時の一般的な小広場がこういうものだったといっている。

ヴェネツィアの小広場《カンポ》は一つひとつが自足した、独立の小さな町である。それぞれの小広場が固有の教会を持っている。ごく初期には、小広場は、その教会の墓地だったのだ。それぞれの小広場が、その境界のなかに、薬屋と、織物屋と服地屋、鍛冶屋と靴屋、いくぶん華やかなカフェ、野菜屋と果物屋、食料雑貨屋を包含している。それだけではない。あらゆる使い古しの品物をごく廉価に売買する古道具屋もある。もちろん銅細工屋と時計屋があるし、たいてい木彫り屋と鍍金《めっき》屋がある。また、床屋がなければ小広場は完全なものでありえず、その日の社会や政治のニュースを知ることもできない。これらの活気と混乱の要素に加えて、聖バルトロメオ小広場は、人の往来に満ちあふれ、リアルト市場の商談の声が響いているのだった(35)。

今のヴェネツィアの小広場からは、聖マルゲリータ小広場のような例外を除いて、全般的にはこういう生活臭は薄れている。ハウエルズの描写した聖バルトロメオ小広場は、今も人の往来に溢れ、薬屋、織物屋、服地屋、銀細工屋、カフェがあるが、店の大部分は観光客を対象にしているようである。不可欠のものだという床屋も、今はない。その意味で、ハウエルズの見た聖バルトロメオ小広場も、今

聖マルゲリータ小広場

は無くなってしまった小広場である。
聖マルゲリータ小広場については、詩人レニエの小説『会見 *L'Entrevue*』(1919) のなかに描写がある。二十世紀初頭のこの広場の様子である。

聖マルゲリータ小広場《カンポ》は、聖ポーロ小広場とともに、ヴェネツィアでいちばん広い小広場のひとつである。この小広場は、特に興味を惹くような建造物があるわけではないが、わたくしは、石畳の広がりを愛し、貧しい家々と貧しい店屋とに囲まれている様子を愛していた。店屋には、小さな食料品屋や、果物屋、ありふれた陶器や布地を売る店があった。わたくしは、はね回っては広場を活気づけている襤褸《ぼろ》を着た子供たちの群を愛し、広場を横切る長いショールを羽織った女たちを愛し、揚げ物と槍烏賊《やりいか》とを売る男たちや、戸外でポレンタを売る男たちを愛し、人が騒々しく行き来するのを愛していた。この広場の人の往来に、観光客はめったに混じっていなかった(36)。

さすがにもうこの広場で遊び回っている大勢の子供たちは、襤褸を着てはいないし、細部の変化はあるけれども、この広場の特徴の基本は今も変わっていない。百年前の広場が今も変わらず残っている稀な例である。

*

ヴェネツィアの小広場のなかには、昼間から人気《ひとけ》のない、寂しい広場もある。そういう小広場を早くから魅力的だといったのは、作家ヘンリー・ジェイムズ(Henry James, 1843-1916)である。一八八二年の随想「ヴェネツィア Venice」に、こんな一節がある。ゴンドラに乗って、どこかの教会の絵を見に行こうとしているところである。

どの絵を選ぶかは、たぶん、大して重要ではない。こうして見学に向かうこと全体が、じつに魅力的であるからだ。複雑に入り組んだ運河の光と陰のなかを通りながら、さまよい、頭上にいつも建物があり、舟板の下にいつも水の流れがあるのが魅力的である。がらんとした小さな小広場《カンポ》の、つるつるの石段に降りるのも魅力的である。そこは、陽の当たっている見窄《みすぼ》らしい広場で、中央に古い井戸があり、片側に古い教会がある。縦長のヴェネツィア式の窓がいくつか広場を見下ろしている。窓には、人が居ないこともあるし、窓の敷居に、色褪《いろあ》せた部屋着を着た婦人が、ぼんやり凭《もた》れていることもある。かならず老人がひとり、銅貨を恵んでもらおうと、帽子を差し出

サージェント『聖アニェーゼ小広場』
(M.M. Lovell, *A Visible Past*, p.67.)

している。きまって三、四人の男の子たちがいて、傘の骨か何かを避けながら、まるで管理人のような様子で、教会の入り口まで先導してゆくのである(37)。

ややのちのレニエも、ジェイムズと同様に、寂れた小広場を好んだ。レニエは、友人の画家マクシム・ド・トマの絵の傾向を述べながら、自分自身がヴェネツィアの陋巷《ろうこう》に惹かれる気持ちを述べている。『ヴェネツィア下絵集 *Esquisses vénitiennes*』(1906)の一節である(『ヴェネツィア下絵集』は、青柳瑞穂訳では『水都幻談』、窪田般彌訳では『ヴェネチア風物誌』と題されている書である)。

彼ほどうまくヴェネツィアを描いた人は、誰もいない。彼に、有名な光景を求めてはいけない。彼は、統領宮殿も、ふたつの財務官邸も、聖マルコ聖堂も、サルーテ教会も、リアルト橋も見せてはくれまい。しかし、見る者を感動させるために、人気《ひとけ》のない小さな小広場《カンポ》の一角や、引き潮になると、細い藻のあいだに海の貝が付着しているのを見せる古壁や、紐に襤褸着《ぼろぎ》の干されている、井戸のある中庭といった密《ひそ》かな独特のヴェネツィアを選ぶ術を心得ているだろう。悪臭の漂っていて快い、このヴェネツィアの魅力は、一度感じ取ると、二度と忘れることができないのだ(38)。

米国人画家サージェント(John Singer Sargent, 1856-1925)が十九世紀末(一八九〇年ごろ)に描いた小広場の絵がある。アカデミア美術館に近い聖アニェーゼ小広場を描いたものである。手前に蓋付きの井戸があり、その背景に、ゴシック式窓のついた見窄らしい建物の正面が見えている。人影はない。ひっそりとした絵である。サージェントも、こういう場所に魅力を感じたのだろう。ジェイムズもトマもレニエもサージェントも、同じ趣味と感受性とを共有していた先駆者たちである。今わたくしたちが、ヴェネツィアで寂れた小広場に魅力を感じるとしたら、この人たちが開拓した趣味と感受性とを受け継いでいるのである。

第二章　河岸

ヴェネツィアは周囲を潟で囲まれ、市中を縦横に運河が巡っているせいだろう、潟や運河に沿った路が多数ある。建物の密集している町だから、路のもう一方の側には建物の正面《ファサード》が続く。こういう路は、「リーヴァ」とか「フォンダメンタ」とか呼ばれている。本書では、一貫性がないのだが、場合によっては「河岸」、場合によっては「土手路」と呼んでおこうと思う。

河岸や土手路は格好の散歩道である。翡翠《ひすい》色の運河に陽光が戯れるのを眺めたり、建物の正面の意匠を眺めたりしながら散策するのは、じつに心地の良いものである。もっとも、あとでふれるように、例外もあるのだが。

統領宮殿の南面から、広い潟を見晴らしながら東に延びているスキャヴォーニ河岸《リーヴァ・デッリ・スキャヴォーニ》は、代表的な河岸である。眺望の美しい、開放感のある海浜リゾートという雰囲気を持った場所で、カフェや土産物の露天が並び、いつも散策する人たちで溢れている。

しかし、ヴェネツィアの河岸はスキャヴォーニのような河岸ばかりではない。この章では、河岸に発達した地区としてリアルト、ヴェネツィア本島の北端に延びているフォンダメンテ・ヌオーヴェ、そして本島西部の南端に延びているザッテレ河岸を取り上げてみよう。

リアルト

「リアルト」は橋の名前として日本でも良く知られているし、この橋の実物や写真を見た読者は多いだろう。リアルト橋は、ヴェネツィアの風景を決定づけている建造物のひとつである。

今わたくしたちの見ている橋は、十六世紀末(一五九一年)に架けられたものである。橋は石造りで、大運河にひとつのアーチで渡されている。アーチは、端から端までが二十八メートル、高さが七・五メートルあって、水上バスなどは楽々とアーチの下を通ることができる。

橋の上側は石造りの階段で、中央だけでなく両端も通路になっている。中央通路の両脇には店舗が並んでいる。

リアルト橋の架かっている場所は、大運河の幅がいちばん狭くなっているところである。この場所にはじめて橋が架けられたのは十二世紀末のことだというが、そのときの橋は船橋だったそうである。恒常的な橋が架けられたのは、翌十三世紀である。現在の石の橋は三代目で、それ以前は、木製の跳ね橋が架けられていた。大型帆船を通す工夫がなされていたのである。跳ね上がることのない石橋は、大型帆船が大運河を遡ってくることがなくなったために、架けられたものである。

リアルト橋

スキャヴォーニ河岸

リアルト橋は、十九世紀半ばまでは、大運河に架かっていた唯一の橋だった。つまり、ヴェネツィア共和国が健在だったころは、大運河には、ここしか橋がなかったのである。

リアルト橋は、ヴェネツィア共和国の金融・経済活動の中心を、政治の中心と結ぶ役割をしていた。この橋を介して、陸上のいちばん重要なルートが聖マルコ広場につながっていたのである。

その金融・経済活動の中心というのが、「リアルト地区」である。リアルト地区はリアルト橋を西側（正確には北西側）に向かって渡り降りたところにある。左右に百メートルぐらい、奥まで行っても二百メートルぐらいしかない狭い場所である。リアルト地区は、現在は、野菜や果物を売る露天があり、土産物を商う小店や露天が軒を並べ、さらに先まで足を伸ばすと、魚市場がある。リアルト地区は、今も人出の多い、活気のある場所である。しかし、往時のヴェネツィア共和国では、この地区は、現在とは種類の異なる経済活動でも活気があった。

リアルト橋の急な石段を降りてゆくと、左側には、三階建ての長い建物が奥に向かって延びている。建物の一階は拱廊《アーケード》になっていて、どのアーチにも土産物を売る小店が置かれている。狭い通路を挟んだ右側は、まず、ルネサンス風の白い建物があり、ついで小さな教会があり、それから青果を売る露天が並び、その先に小さな三階建ての建物がある。この建物の一階も拱廊になっていて、その手前に土産物を商う店が続いている。左右の店のあいだの通路には、人の流れの絶えることがない。

混雑する通路の右側の、野菜や果物を商う露天の裏側に、小さな広場がある。小店と露天商とのあいだの通路は人で溢れていても、この小広場は人のあまり入ってくることのない場所である。

広場は名を聖ジャコモ・ディ・リアルト小広場あるいは簡単にリアルト小広場という。二十メートル四方くらいの狭い空間である。しかも、広場の一部分を、青果の露天が占領しているので、なおさら狭く感じられる。広場の西寄りのところに八角形の筒状の水道があり、蛇口から水が流れ続けている。広場の東南のリアルト橋側には、広場の名の由来する小さな教会（聖ジャコモ・ディ・リアルト教会）がある。広場は、全体を白い敷石で覆ってある。広場には、雨水が集まるように低くなっている部分があるので、全体が波打っている。

今このひっそりした小さな広場に立っていると、かつてここがヴェネツィア共和国とその帝国の金融・経済活動の中心であったばかりか、一時はヨーロッパ随一といってよい金融・経済活動の中心だったと想像することは、むずかしい。

聖ジャコモ・ディ・リアルト教会を背にして、広場を見ると、右側（北東側）と正面（北西側）に三階建ての建物が建っている。壁を赤桃色に上塗りした簡素な建物である。これらふたつの建物の一階

リアルトの青果露店商と教会

リアルト地区

聖ジャコモ・ディ・リアルト小広場

リアルトの銀行家たち
(A. Zorzi, *Una Città, una repubblica, un impero*, p.194)

の部分が拱廊《アーケード》になっている。右側の拱廊にはアーチが十四個、正面の拱廊にはアーチが六個。かつてこの拱廊の下には、ヴェネツィアの銀行家たち四、五人がいつも机を並べていたのである。

ここの拱廊は、「ソットポルティコ・ディ・バンコ・ジーロ」と呼ばれている。イタリア語では「簡単な仕事机」が「バンコ」、そういう仕事机を使用した「銀行」も「バンコ」と呼ばれ、これがヨーロッパ各国語に採り入れられ、「バンク」になったというのは旧聞に属するだろうか。「ジーロ」(あるいは英語で「ジャイロ」)は、今でも「振替」の意味で使うが、かつての銀行家たちも振替業務をおこなったのである。ただし、やり方は、現在とは表面的には異なり、銀行家の帳面上で、預金のある顧客同士のあいだで、一方の依頼する金額をもう一方に移動した。その際、顧客は、机の前に座っている銀行家のところへ直接出向いて、振替を依頼していた。こういう銀行口座振替によって、商人たちは、現金取引をしないで済むようになっていたのである。すでに十二世紀には、聖ジャコモ・ディ・リアルト小広場の拱廊では、銀行活動が営まれるようになっており、その後十六世紀末(一五八七年)になると、私企業の銀行家の代わりに、ヴェネツィア国家が、ここに同様の振替銀行を設置した。ちなみに、「ソットポルティコ」は建物の一階の一部分が通路になっている場所の呼び名である。

聖ジャコモ・ディ・リアルト小広場は、そこの拱廊に銀行家たちが並んでいたことによって、金融経済活動の中心になったのである。そして、ヴェネツィア商人の多くは国際貿易商人であり、またヴェネツィアは国際産品の集まる場所だったから、この小さな広場はまた、国際金融・経済活動の中心にもなった。

聖ジャコモ・ディ・リアルト小広場の周囲には、ヴェネツィア共和国の交易・航行・補給を司《つかさど》る役所や、税務官庁、金融監督庁、商務裁判所といった財務・経済関係の官庁が置かれていた。広場の近くにはまた、リアルト橋の向かい側のドイツ商館のような、外国商人のための倉庫兼宿泊施設があった。広場近くの河岸は、物品の荷揚げに使われた。たとえば、リアルト橋の西、大運河の川下側の河岸が「リーヴァ・デル・ヴィン」つまり「ワイン河岸」といわれているのは、その名残である。今、土産物店と野菜・果物の露天に挟まれている通路は、「ルーガ・デッリ・オレフィーチ」といって、金銀細工人たち（オレフィーチ）の工房が並んでいた場所である。ヴェネツィアは、金銀の細工品でも有名だった。さらに、広場から西北にしばらく進むと、魚市場があり、その左手には畜殺場があった。また、ヴェネツィアでいちばん評判の悪い売春施設もリアルト地区にあったのだそうである。リアルト地区は人間の欲気が渦巻く、活気に満ちあふれた場所だった。

一四九七年に、ヴァスコ・ダ・ガマが喜望峰経由でインド航路を発見した結果、東西の交易ルートの中心地が地中海から大西洋岸に移っていったことが、最終的にはリアルト地区にとって致命傷となるのだが、この地区は、傷がこたえてくるまで、まだ二、三百年は持ちこたえることができるのである。

ワイン河岸

＊

十六世紀末の一五九四年に、英国人旅行者モリソン（Fynes Moryson, 1566-1630）がリアルト地区を訪れて、目撃証言を残している。旅行記『遍歴 *An Itinerary*』（1617）の一節である。

リアルトの四角い市場は、公共の建物で取り巻かれている。それらの建物のアーチの下と、空き地になっている中央の部分とで、商人たちが互いに会う。昼前に貴紳たちの会う特別の場所もある。それは、彼らが夕方に聖マルコ広場で会うのと同様である。貴紳たちは、懇親を深めるために、一時間ほど、互いに話をする。彼らは、互い同士で宴会をおこなう習慣がないので、友情が衰えないように、この会合を、商人たちと同じくらい、きちんとおこなっている。金細工師たちの店もここにあり、向かいには宝石商たちの店もある。ヴェネツィアは、この種の技巧にすぐれている。ある貴紳の館は、この貴紳が反逆者となったために、国家が（辱《はずかし》めを与えるため）この館を畜殺場に変え、上の階のいくつかの部屋を判決の場所にした。この畜殺場の側に魚市場があり、これは大運河の岸に長く延びている。この畜殺場と魚市場では、聖マルコ広場の場合と同様に、多くの食品、特に魚が、毎日売られている(1)。

魚市場の賑わいぶりは、現在もこのときと同じだが、今のリアルト地区には、大勢の商人たちが商談のために訪れたり、銀行を訪れたりする姿は見られないし、貴族たちが交遊する姿も見られない。モリソンがリアルト地区を見物したころには、ここはヨーロッパ全土で良く名を知られていた場所だったようである。シェイクスピア（William Shakespeare, 1564-1616）に『ヴェニスの商人 *The Merchant of Venice*』（1597-98）というあまりにも有名な芝居がある。モリソンがヴェネツィア見物をしてからほどなく初演された芝居である。このシェイクスピア劇の台詞を見ると、主人公でヴェネツィアの大商人であるアントニオはむろんのこと、その友人たちも、敵役《かたきやく》のユダヤ人金貸しシャイロックも、みんなリアルト地区に出入りをしている様子である。ところで今注目したいのは、「リアルト」という固有名詞の扱い方である。シェイクスピアの原文と福田恒存訳とを並べて引用してみよう。

〔引用一〕

Shylock:

What news on the Rialto?(2)

シャイロック

何かあったのかな、取引所に?(3)

〔引用二〕

Shylock:

Signor Antonio, many a time and oft
In the Rialto you have rated me
About my moneys and my usances.(4)

シャイロック

アントーニオーさん、今日までいったい何度になりますかな、あんたは取引所でこのシャイロックの顔さえ見ると、きっと大声で毒づいてきなさった、おれの金がどうの、利子がこうのとな(5)。

第一の引用は、「リアルト」という固有名詞がこの芝居のなかで初めて使われる場面である(一幕三場）。第二の引用は、その少し先の台詞で使われている例である。福田訳を見ると、「リアルト」の名は出さずに、「取引所」という、この地区の業務内容に近い一般名詞を充てている。これは、日本の観客には、「リアルト」といっても、何なのかわからないだろうし、むしろ混乱するのではないか、という判断からなされた意訳だろう。ところが、シェイクスピアは、そのものずばり「リアルト」という固有名詞を、何の説明も加えないまま、観客に投げ出している。これは、福田訳の場合とは、まったく逆に、シェイクスピアが、かなり多数の観客は「リアルト」のままで、どんな場所か見当が付くだろうと予想したからではなかっただろうか。ヴェネツィアから遠く離れた、ヨーロッパの西の最果《さいは》て、英国の観客たちであるにもかかわらず、である。当時の「リアルト」は、現代のわたくしたちが「ウォール街」と聞いたときに思い浮かべるのと、やや似たイメージを喚起していたのかもしれない。

シェイクスピア時代の観客が「リアルト」という固有名詞からどれほどのイメージを思い浮かべたかは、ともかくとしても、その後の話としていえば、シェイクスピアの『ヴェニスの商人』は、広く世に知られる作品になった。その結果、この作品のなかで使われた「リアルト」という固有名詞が、すくなくとも英語圏の人たちには馴染みの地名になり、その場所のイメージも受け継がれていったのは間違いないだろう。

詩人バイロンの『チャイルド・ハロルドの巡礼、第四部』(1818) に、こういう一節がある。

われら英国人に　ヴェネツィアは
歴史の名を超える魅力を持っている。
この町の長年におよんだ壮麗な勢力は

いまもその影を残し、その朧気《おぼろげ》な形が
統領のいない、支配力を無くしたこの町のうえで、落胆している。
われらの記念碑は、リアルトとともに朽ち去るものではない。
シャイロックとムーア人とピエールは
押し流されたり、摩滅したりするものではない。
これらが、アーチのかなめ石だ。
すべてが終わってしまっても
われらには、人気《ひとけ》のない岸辺に、彼らが住まうのだ(6)。

この詩句のなかの「リアルト」は、直接的には、現実のリアルト地区あるいはリアルト橋を指している。しかし、つぎの行で取り上げられているシャイロックは、もちろん『ヴェニスの商人』の敵役であるし、ムーア人というのは、おなじシェイクスピアの『オセロ』の主人公のことである。また、ピエールというのは、英国の劇作家オトウェイ(Thomas Otway, 1652-1685)の代表作『救われたヴェニス *Venice Preserved*』(1682)の主人公である。全体として、この一節は、英国人が、シェイクスピアやオトウェイの文学作品によって、どれほどヴェネツィアに親しんできたか、どれほど豊かなイメージを育ててきたかを述べている。だから、そういう意味では、シャイロックが陰険な思いを巡らしながら歩いたリアルト地区も、詩人の脳裏にはあるわけである。

フォンダメンテ・ヌオーヴェ

英国の画家ターナー（Joseph Mallord William Turner, 1775-1851）が晩年に描いた油彩画に『ヴェネツィア、墓地 *Campo Santo, Venice*』（1842）という作品がある。日没。夕日が雲を薄い金色に染めている。画面の中景右寄りに、画題の墓地、聖《サン》ミケーレ島が淡い赤色の姿を見せ、近景には、漁船だろうか、四艘の船が浮かんでいる。絵のなかでとりわけ目立つのが、中景の左寄りのところに描かれた一艘の船である。船は、白い二枚の三角帆をひろげ、近寄ってくるところである。墓地という主題と、絵全体の雰囲気から見て、この一艘の船は、天使を象徴するもののようである。画面の手前か左方にいるものを、墓場に連れにこようとしているところだと思われる。美しい絵である。しかし画面には、全体に静かな深い悲しみが漂っている。

問題は、この天使が連れにこようとしているものが何か、ということなのだが、答の候補はいくつかあるだろう。ひとつの答は、晩年を迎えていたターナー自身である。しかしまた、ヴェネツィアそのもの、という答もありうるだろうと思う。

十九世紀以後、栄光の共和国が滅んだのちのヴェネツィアには、いまにも波に飲み込まれてしまいそうな瀕死の町、それゆえに美しさが惜しまれる町、というイメージがつきまとっている。

このイメージの源泉は詩人バイロンにある。バイロンの世に広めたヴェネツィア像は、過去の栄光と対照的な現在の退廃、死に瀕している美しさ、というものだった。典型的には、『チャイルド・ハロルドの巡礼。第四部』の、つぎの詩句である。

ターナー『ヴェネツィア、墓地』
(L. Stainton, *Turner's Venice*, Plate 102.)

千年の歳月が、ぼくのまわりに、雲の翼を広げ
瀕死の栄光が、はるか昔に微笑みかける。
当時は、多くの被支配国が
有翼の獅子の国の、大理石の大建築を仰ぎ見ていた。
ヴェネツィアはそこに堂々と座り
百の島々に君臨していた(7)。

ヴェネツィアでは
もうタッソの詩句を歌い交わすこともなく
歌をなくしたゴンドラ漕ぎが、ただ黙々と船を漕ぎ
町の館が水辺に崩れ落ちてゆき
音楽が奏でられないこともある。
そういう日々は過ぎ去ったのだ。それでもまだ
美しさはここにある(8)。

ヴェネツィアは敗れ去り
千三百年のあいだの自由も崩れ
町は藻草のように
生まれ出たところへ沈む(9)。

バイロンの「ヴェネツィア頌歌 Ode on Venice」(1818)には、こういう幻視も詠われていた。

ああ、ヴェネツィアよ、ヴェネツィアよ。
お前の大理石の壁が水面と頭を揃えるとき
諸国民の泣き声は、沈んでしまった大広間の上に広がり
すべてを運び去る海には、大きな嘆きの声が響くだろう(10)。

ヴェネツィアは、すでに見たように、十八世紀末(一七九七年)に、およそ千年続いた独立国家体制が崩壊したのち、数十年にわたって異民族統治の屈辱を味わうことになった。その状況のなかで、町の経済は後退し、町の外観もまた荒廃していった。さらに、町が衰退・荒廃してゆくにつれて、潟のなかに造られた町という特有の自然条件から、この町は水没する日も間近のようにイメージされることが少なくなかったのである。

十九世紀半ばのラスキンの評論『ヴェネツィアの石 *The Stones of Venice*』(1851-53)も、バイロンのヴェネツィア像を受け継いでいる。

……衰弱しきって静まりかえり、美しさのほかにはほとんど何も残っていない、海辺の砂上の幽霊のようなヴェネツィアの姿が、潟の蜃気楼のなかに微《かす》かに映し出されているのをみるとき、どちらが町で、どちらがその影なのか、と疑われる。

町の微かな姿が永久に失われてしまわぬうちに、わたくしはその輪郭を辿りたいと思う。そして

臨終の鐘の音《ね》のような音《おと》を立てながら、ヴェネツィアの諸石を打ち、それらを急速に飲み込もうとしている波の一つひとつが口にしているように思える警告を、できるかぎり記録したいと思う(11)。

「臨終の鐘の音のような音を立てながら、ヴェネツィアの諸石を打ち、それらを急速に飲み込もうとしている波」……衰退した美しいヴェネツィアが、水没し、この世から姿を消すのは間近だと見なされている。

二十世紀初頭、フランスの作家バレス（Maurice Barrès, 1862-1923）も、波に飲み込まれようとしている瀕死の美しい町というイメージで、ヴェネツィアを描く。随想集『ヴェネツィアの死 *La Mort de Venise*』（1903）の一節である。

ヴェネツィアよ、潟の下に眠るがよい。嘆きの歌をまだ歌っていても、美しい口は死んでいる。太洋は夜うち寄せる。太洋の波は、生を愛するあまりに、砕けながら、死という永遠のモチーフを編曲し続けるのだ(12)。

十九世紀以後のヴェネツィアについては、バイロン以後、〈瀕死の美都〉というイメージが連綿と受け継がれているのである。

それに、画家ターナーはバイロンの詩を好んだ人で(13)、ヴェネツィアを画題にする作品に、バイロンの詩を添えることもあった。よく知られている例は、油彩『ヴェネツィア、溜息の橋 *Bridge of Sighs, Venice*』（1840）を展示した際に、バイロンの『チャイルド・ハロルドの巡礼、第四部』の冒頭の詩句

——「ぼくは、ヴェネツィアの溜息の橋の上に立った。片側には宮殿、片側には監獄があった」——を引用したことである（じつは記憶で引用したらしく、バイロンの原文とは少し違っていた）。ターナーは、ヴェネツィア像についても、バイロンから直接影響を受けていて不思議はない。

以上のような理由から、ターナーの油彩『ヴェネツィア、墓地』で天使が迎えにこようとしているのは、ヴェネツィアそのものだ、という解釈もありうるだろう。そうわたくしは思っている。

＊

ところで、『ヴェネツィア、墓地』という絵のなかで、白い三角帆の船が走っている場所は、ヴェネツィア北方の潟である。そこは、「フォンダメンテ・ヌオーヴェ」のあるところである。

フォンダメンテ・ヌオーヴェは、ヴェネツィア北岸のほぼ中央あたりを、潟沿いにおよそ八百メートルほど、まっすぐに伸びている土手路である。「フォンダメンテ」の単数形「フォンダメンタ」は、すでにふれたように、運河や潟に沿った土手路をいい、「ヌオーヴェ」（単数形「ヌオーヴァ」）は「新しい」という意味である。この「新土手路」は、幅は三・五メートルほどで、石で舗装されている。路の北側には潟が広がり、南側は、ところどころが運河の出入り口になって途切れるものの、ほとんどは建物か塀が続く。建物や塀の高さはまちまちだが、いずれにしても、南からの陽光を遮《さえぎ》るので、フォンダメンテ・ヌオーヴェにはほとんど陽の差すことがない。この長い土手路の中間あたりは、やや繁華だが、その東西は人通りが稀で、真昼でも、潟の水が土手にうち寄せる、ピタ、ピタ、ピタ、という音が聞こえる。

フォンダメンテ・ヌオーヴェから、潟を五百メートルほど隔てたところに、『ヴェネツィア、墓地』

フォンダメンテ・ヌオーヴェの墓石・聖具店

フォンダメンテ・ヌオーヴェ

聖ミケーレ島遠望

の画題となっている墓地、聖ミケーレ島があり、色あせた煉瓦壁と、繁茂する糸杉とを見せている。この墓地の島があるため、フォンダメンテ・ヌオーヴェには、やや繁華なあたりの路沿いにも、墓石や聖具を売る店があり、路地を一歩はいると、葬儀屋や、墓参のための生花や造花を商う店がある。フォンダメンテ・ヌオーヴェの北方に広がる潟そのものも、陽光を背にして見るせいだろう、町の南側の潟よりも白濁した緑色をしていて、きらきらと輝くことがない。フォンダメンテ・ヌオーヴェという土手路から北方の潟にかけては、全体として、静かだが、もの悲しい場所である。このあたり一帯の雰囲気そのものが、ターナーの絵『ヴェネツィア、墓地』の雰囲気とよく合致している感じである。

作家バレスは、フォンダメンテ・ヌオーヴェあたりの雰囲気を、つぎのように表現している。バレスは、ゴンドラに乗り、大運河から脇の小運河にはいって、北部地区へ進んでゆく。『ヴェネツィアの死』の一節である。

大運河の壮麗さには、太陽が補佐役を務めている。北部地区へ進むと、そこへはもう陽光は直接達することがない。すでに水の震えと、打ちひしがれているあたりの雰囲気が、わたくしたちの五感を悲しませる。死の島々へ船出するフォンダメンテ・ヌオーヴェへ来るとたちまち、それまで芸術的な建築物によって維持され、それに集中していた想像力が、漠とした印象を受け入れ、夢想しはじめ、喪の水平線へ漂ってゆく。……この巡礼の旅の第一歩は、死者の島、聖ミケーレ島である(14)。

フォンダメンテ・ヌオーヴェは「死の島々へ船出する」場所なのである。バレスは、こののち、聖ミケーレ島から、ムラーノ島、マッゾルボ島、ブラーノ島、トルチェッロ島、聖フランチェスコ・ディ・デゼルト島と「死の島々」巡りをしたあとで、ヴェネツィア本島に戻ってくる。落日である。バレスの乗ったゴンドラは、潟の上を進んでいる。

向こうの右手に、ヴェネツィアが海面すれすれに伸び、太陽が沈むにつれて、棒状の島が重要さを増していた。……西方で、空が、燃え立つ海のなかに溶け込もうとしているとき、わたくしたちの頭上では、壮麗さに酔った雲という雲が、はてしなく形を変えていて、それらを落日の陽光が貫き、無数の炎で満たしていた。叙情的で優しく心を引き裂くようなさまざまな色彩が潟に反映し、わたくしたちは、まるで空の上を滑っているようだった。それらの色彩はわたくしたちを覆い、運び、全面的な輝きで、しかも手で触れられそうな輝きで、わたくしたちを包んでいた。この壮大な魔術に打ちのめされ、わたくしたちは現実感覚をすっかりなくしていた。そのときである。厳《おごそ》かな斑点が姿を現し、水上で大きくなってゆき、それからわたくしたちはその影のなかに入った。それは統領たちの建造物だった。わたくしたちは、呆然《ぼうぜん》と、残念な気持ちを抱いて、町のなかに、ふたたび入った。そして、ラザロが生き返ったとき感じたに違いないような、全身の疲労を感じた。ブラーノ、トルチェッロ、マッゾルボ島という墓から出てくるとき、わたくしたちは狂喜し、熱に浮かされ、信者たちが死後に置かれるという煌《きら》めきのなかにいたのだが(15)。

バレスの体験は、ターナーの『ヴェネツィアの墓地』とは状況がもちろん少し異なる。しかし、バレスの文章とターナーの絵は、フォンダメンテ・ヌオーヴェから、その北方の潟あたりの雰囲気が呼び起こす気分を共有し、それを表現しているように思う。ちなみに、バレスの文中のラザロは、埋葬後に、イエス・キリストによって生き返らせてもらったという、『新約聖書』のなかに出てくるラザロのことである。

ところが、フォンダメンテ・ヌオーヴェについては、じつは、ターナーやバレスとは別種の感じをいだいた人たちもいる。英国の文人ベックフォードの文章を読んでみよう。ベックフォードは牢獄を訪れ、その光景に心をかき乱されるのだが、そのあとで行った場所に注目したい。『夢、目覚めているときの思い、出来事』の一節である。

……わたくしは船に乗り、それを漕がせて運河を下った。運河は統領宮殿の高い屋根の陰になっていた。この運命の水の下に、これまでわたくしの話した地下牢が置かれているのである。哀れな者たちは、そこにいて、櫂の音に注意し、ゴンドラが一艘また一艘と自由に通り過ぎるのを数えるのだ。運河の頭上には、大胆で堂々とした建造物である大理石の橋が、地下牢のいちばん上の部分を宮殿の秘密の柱廊と繋いでいる。この柱廊から、犯罪者たちはアーチを越えて、残酷な密《ひそ》かな死へと導かれるのである。わたくしは、その下を通り過ぎながら身が震えた。そして、この建造物が「溜息の橋」と名付けられているのも無理のないことだと思うのである。宿に帰ってからも、恐怖と陰惨な光景がわたくしの想像力に付きまとい、おだやかに食事をすることができなかった。……日没のころ、わたくしは、フォンダメンテ・ヌオーヴェへ行き、さわやかな空気と楽しい風景で気分転換した。フォンダメンテ・ヌオーヴェは、白い大理石造りの大きな河岸あるいはテラスのようなもので、そこからは、聖ミケーレからトルチェッロにかけての一連の島々、「あたりをとりまく海から現れて輝く」島々を見晴らすことができるのである。これらの島々の平たい屋根や低い建物に、一群の塔や円屋根が混ざり、ところどころに松や糸杉が見られる様子ほど、絵のように美しい光景はない(16)。

牢獄への反応からもわかるように、ベックフォードは過敏なほどの感受性を持っていた人である。その人が、フォンダメンテ・ヌオーヴェを「さわやかな空気」と「楽しい風景」を味わえる場所と感じている。

フォンダメンテ・ヌオーヴェを心地よい場所と感じたのは、じつはゲーテも同様だった。ゲーテの『イタリア紀行』につぎの一節がある。

ひじょうに多くの小さな家々は、運河から直接建っている。しかし、そこここに、石できれいに舗装された土手があり、そこでは、水と教会と館とのあいだを、まことに心地よく、ときどき散歩することもできる。愉快で好ましいのが、北の側面にある石造りの長い土手で、そこからは、島々が——とりわけ、小規模なヴェネツィアであるムラーノ島が——見える。ムラーノ島とのあいだの潟は、多くのゴンドラが行き交っていて活気がある(17)。

ゲーテも、やはり、フォンダメンテ・ヌオーヴェと、その北方の潟の眺めを「愉快で好ましい」ものと感じている。

フォンダメンテ・ヌオーヴェとその北方の潟への感じ方については、個人差を超える環境の変化が関係しているように思う。ベックフォードとゲーテはどちらもヴェネツィアを一七八〇年代（ベックフォードは一七八〇年、ゲーテは一七八六年）に訪れた。一方、ターナーは一八四〇年代に『ヴェネツィア、墓場』(1842)を描いている。このふたつの時期のあいだには、ふたつの出来事があった。

ひとつの出来事は、いうまでもなく、ヴェネツィア共和国の滅亡（一七九七年）とその後の町の衰退である。ヴェネツィアは、いわば比喩的に死んだのであるし、また現実に経済的に後退し、町の様子にもそれが表れていた。一八四〇年代には、ゲーテが見たときと異なり、フォンダメンテ・ヌオーヴェとムラーノ島とのあいだの潟には、「多くのゴンドラが行き交っていて活気がある」、という状態ではなくなっていただろう。

もうひとつ注目すべきことは、ベックフォードとゲーテが見たとき、聖ミケーレ島はまだ墓地ではなく、ターナーが絵を描いたときには墓地になっていた、という事実である。

聖ミケーレ島は、十二世紀初頭から長らく修道院（カマルドリ修道会）が置かれ、この修道院はすぐれた図書館を持ち、学問水準が高いので有名だった。その修道院が十九世紀初頭（一八一〇年）に廃止された。その後、聖ミケーレ島は、短期間監獄に使用されたり（一八一九年〜二一年）、また別の修道会（フランシスコ会）に与えられるというような過程を経て、一八三七年になって墓地とされたのである。ただし、それに先だって、一八〇七年には、隣接する小島（聖クリストフォロ・ディ・パーチェ）が墓地に定められ、やがて、その小島では場所が足りなくなったため、小島と聖ミケーレ島とのあいだの運河を埋め立てて、墓地が聖ミケーレ島全体に拡大したという経緯がある。したがって、聖ミケーレ島は、十九世紀初頭には、墓地に隣接していたため、早くも墓地の島というイメージが伴いはじめていた(18)。それが、三七年になって、名実ともに墓地の島になったのである。

こういうわけで、ベックフォードとゲーテが見た聖ミケーレ島は、墓地ではなく、高名な修道院の置かれた島だったのである。しかも、ヴェネツィア共和国そのものが、衰えたとはいえ、まだ健在だった。そういう状況のなかで、フォンダメンテ・ヌオーヴェから聖ミケーレ島を見るのと、共和国が滅亡し、聖ミケーレが墓場の島となったのちに(あるいはそういうイメージが伴いはじめたのちに)、フォンダメンテ・ヌオーヴェあたりから聖ミケーレ島を見るのとでは、おのずと反応が異なってくるはずである。

ザッテレ河岸

大運河の入口の左側に、海の税関《ドガーナ・ダ・マール》と呼ばれる建物がある。建物の塔には、金色の球が乗り、その上に運命の像が立つ。この建物の左手からジュデッカ運河に沿って長く伸びている土手路がある。そこが「フォンダメンタ・デッレ・ザッテレ」、ザッテレ河岸である。

このフォンダメンタは千二百メートルもある長い路である。路幅は、狭いところは三メートルほど、広いところは十メートルほどある。路は灰白色の石で舗装されている。ザッテレ河岸の南側には、幅三百メートルのジュデッカ運河が流れ、その向こうにはジュデッカ島が長く伸びていて、岸壁に並ぶ建物が見晴らせる。

ザッテレ河岸の北側は、ところどころが運河や路地の出入り口になっているほかは、建物の正面《ファサード》が並んでいる。建物は、だいたい三階から四階建ての高いものが多い。この河岸は、北の建物の列を背にしながら、広い運河に南面している。そのため、日が差すと、まぶしいほどに明るい。それに雨上がりでも、まもなく、さわやかな風が吹きはじめる。屋外にいられる季節になると、ジュデッカ運河に張り出した、板敷きテラスのカフェやレストランに客が集まるようになるのだが、テラスの椅子に腰を下ろして、運河や、登り下りする船や、対岸の建物を眺め、まぶしい日差しを浴び、さわやかな風を受けていると、気持ちが芯から安らぐ。ここは、良質のリゾート地に来た感じのする場所である。

ザッテレ河岸の名は、昔ここが、上流から筏に組んで運ばれてくる木材を陸揚げした場所だったから付いたのだそうである。イタリア語では筏を「ザッテラ」、その複数形を「ザッテレ」という。ザッテレ河岸は、広くて深いジュデッカ運河に沿っているため、筏にかぎらず、その後も、水運と深く関わってきた。かつての海の税関もそうだが、今も、河岸の北に並ぶ建物を見ると、港湾局とか、港湾監督事務所とかいうプレートが付けてあったりする。岸壁には、沿岸警備隊の船が舫《もや》ってある。そればかりではない、河岸の西の突き当たりは、海駅（スタツィオーネ・マリッティマ）と呼ばれる駅で、ここは外洋航路の大型船の停泊しているのが見られる場所である。

ザッテレ河岸とその近くには、また、サルーテ教会やジェズアーティ教会のような大教会があるし、インクラービリ病院跡のような、かつての宗教関連施設がある。それにまた、現在、このあたりの館にはヴェネツィア大学のいくつかの学部も分散して入っている。それも関係するのか、ザッテレ河岸周辺は、リゾート的といっても、俗に流れず、なにかしら知的・精神的な気分が同時に漂っている。

*

ザッテレを愛した文学者といえば、誰よりもまず詩人レニエだろう。レニエは、はじめてヴェネツィアを訪れた年（一八九九年）にザッテレ河岸近くの館ダリオに滞在して以来、この地区をよく知っていた。つぎに引くのは、散文詩集『ヴェネツィア下絵集』(1906)の「ザッテレ」と題した文章の冒頭である。

海の税関

ああ、ザッテレよ、わたくしは、あなたを愛している。あなたの始まる税関の突端から、石造りの河岸の終わる風の小路《カッレ・デル・ヴェント》まで、建物の多様な正面《ファサード》に縁取られた、光溢れる長い路も、夜の長い路も、愛している。わたくしは、あなたを端から端まで愛している。それは、あなたの敷石の上ならば、早足でも、緩やかでも、立ち止まっても、どの時間でも、どの季節でも、日陰でも、日向でも、心地よい散歩ができるからだ。ああ、ああ、ザッテレよ。

わたくしはあなたのところまで、聖トロヴァーゾ小運河《リオ・サン・トロヴァーゾ》をとおって来ることも多い。ああ、運河の端にある拱廊《アーケード》の付いた、藤の咲く、あの家。藤は、今年また見ると、黄色くなってしまっていた。それでも、十一月の明るい太陽は、ヴェネツィアの空に輝いているのだった。空気は爽やかに澄み切っているのだった。そして、ああ、ザッテレよ、あなたの遊歩道で、その空気を口いっぱいに吸い込むのは、なんという喜びだったろう。広い運河を前にして、三つの教会のある、そしてサルビアと糸杉の庭のあるジュデッカ島に向かいながら。

さて、わたくしは、ここにいるのだが、右へ曲がろうか、それとも左へ。わからないね。なぜなら、ザッテレよ、税関の突端から風の小路まで、わたくしはすべてを愛しているからだ。あなたのインクラービリ病院も、ジェズアーティ教会も、長橋《ポンテ・ルンゴ》も、それに、海馬を馴らす青銅のネプチューンを扉のノッカーにしている、古い館のある場所も愛しているのだ……[19]。

詩人ディエゴ・ヴァレーリ（Diego Valeri, 1887-1976）は、三十歳代の終わりから死（一九七六年）の直前まで、半世紀、ザッテレ河岸近くに住んだ人である。ヴァレーリにもザッテレについて綴った美しい文章がある。『感傷のヴェネツィア案内 *Guida sentimentale di Venezia*』（1942）の一節である。

自由な、塩の香りのする空気を一口吸いにザッテレ河岸に行こうではないか。
黄昏時《たそがれどき》にしよう。晴れた日の黄昏なら、季節はいつでもよい。
大運河からジュデッカ運河へ向かう小運河はどれも、茶色の高い防壁のあいだで、黄金色の光の畝溝《うねみぞ》となっている。そのうちの一本にしたがい、石造りの短い土手路《フォンダメンタ》を歩こう。土手路は、今は、生き生きとした土の色をしている。わずかのちに、わたくしたちは、広大な黄金色の空の前

聖トロヴァーゾ小運河

ザッテレ河岸

ネプチューンのドア・ノッカー
（ザッテレ河岸）

風の小路

にいる。空は、ジュデッカ島の、すこし霞の掛かった灰色の一筋の家々の上に、そして白い亡霊のようなレデントーレ教会の上にある。空の下では、広い運河の水が、休み無く動いて、ヒヤシンスの薄い虹色になったり、菫《すみれ》色の柔らかな陰影になったりしている(20)。

こうして、ふたりの詩人はそろって、ザッテレ河岸の心地よさを讃えた。わたくしがこの河岸の近くにしばらく住んで、毎日のように歩いてみるときの印象も、ふたりの詩人の印象に近い。

しかし、ザッテレ河岸には、こういう伸びやかな心地よい雰囲気とは異質の施設がある。インクラービリ病院跡である。この施設は、十六世紀に、梅毒など、当時としては治癒不能と考えられた難病患者を収容する隔離病棟として、この場所に建てられた。「インクラービリ」は「治癒不能の者たち」の意味である。この建物は、その後、孤児院として使用されたり、オーストリア占領期には、兵舎にされたり、またその後は少年鑑別所として使われたりした。今は、建物のザッテレ河岸の部分には、ヴェネト州の少年裁判所が置かれ、奥の部分には、美術アカデミーがはいっている。

明るいザッテレ河岸から、一歩、インクラービリ病院跡の脇の路地にはいると、とつぜん雰囲気が暗転するのを感じる。狭く暗い路地の東側は、高さ三・五メートルぐらいだろうか、病院跡の煉瓦塀が続く。路地を歩いて裏手に回ると、高さ十メートルほどの三階建ての建物が聳《そび》え、窓に鉄格子が嵌《は》められ、壁の上塗りが黒く煤けている。天気の良い日でも、陰惨な雰囲気を発散させている建物である。

インクラービリ病院が、当初の目的で使われていた時期について、つぎのような報告が残っている。この施設で働いたことのあるイエズス会士が、同じ会の修道士について思い出を述べている。ちなみに、当時は、梅毒や癩病は口をとおして空気感染すると考えられていたことを念頭に置いて読んでみよう。

インクラービリ病院で、癩病か、なにかの皮膚病を患っている患者が、全身を疫病風の疥癬《かいせん》に覆われていた。この患者が、神父たちのひとりを呼び、背中を掻いてほしいと頼んだ。その神父は、この奉仕に精を出したのだが、それをしているうちに、とつぜん、おぞましさと吐き気と、そしてその伝染病に感染する恐怖とに襲われた。しかし、将来を考えるよりも、自己を律し、自分の反逆的な気持ちを抑えようとして、膿《うみ》で覆われた指を自分の口に入れ、それを吸った。……自分にうち勝つために、しっかりした熱心な信仰心から、この行為をしたこの神父には、「毒を飲んでも決して害を受けない」、というわれらの主イエス・キリストの言葉が実現されたのである(21)。

インクラービリ病院跡

現在のくつろいだ心地よいザッテレ河岸からは想像しがたい、一面で悲惨な病院の様子と、そこで発揮された宗教心とに心を打たれる一節である。

第三章　運河

ヴェネツィアは運河の町として有名だが、つとに塩野七生氏の指摘にあるとおり、その運河の大多数は、じつは日本語でいう「運河」ではない(1)。日本語の「運河」は「陸地を掘り割って通じた水路」(『広辞苑』)である。しかし、ヴェネツィアの運河は、多数の小さな島々のあいだを流れていた水流を、生活に便利なように、掘り下げたり、土手を付けたりした水路である。その証拠に、ヴェネツィアの町のなかを、大小の血管のように流れている水路の大多数は、自然の水流がそうであるように、蛇行している。

ヴェネツィアでは、一般に幅の広い水路が「カナーレ canale」と呼ばれ、その他の狭い水路が「リオ rio」と呼ばれている。「カナーレ」は英語の「カナル」に当たる語で、それを「運河」と訳すのは無理のないことだが、「カナーレ」はじつは英語の「チャンネル channel」＝「水路」の意味も持っている語である。この町で、「カナーレ」というときには、「水路」の語感が強いのだろうと思う。

この町で「運河」を呼ぶもうひとつの語「リオ」も、本来は「細流」の意味の語である。それも、ヴェネツィアの町中を毛細血管のように流れている細い水流を表すのには、ぴったりの語である。

ヴェネツィアという町は、自然と人工性とが共存している場所という印象が強いのだが、ここの「運河」の形態にも、それは見られると思う。

大運河

大運河《カナル・グランデ》は、ヴェネツィアの町を貫流している大水路である。形は大蛇に似て、大きく二度蛇行している。その尾は、鉄道駅の脇で、頭は、海の税関のあたり。運河の全長は三千八百メートル、幅は狭いところで三十メートル、広いところで七十メートル、平均水深が四メートルだという。基本的な色は翡翠《ひすい》色。翡翠色の大蛇である。

大運河はヴェネツィアの目抜き通りであり、また幹線道路である。目抜き通りという点からいえば、鉄道駅前から大運河を走る船に乗り、河岸に立ち並ぶ館を見ながら、聖マルコ小広場までゆくのが、この町の表の美しさを知る最高の方法である。大運河沿いに建ち並ぶ館は、大運河を通る船から見られたときに、いちばん美しく見えるように、水路側に正面《ファサード》を向け、意匠を競っている。船上にいると、河岸の館は、ちょうど絵巻物が開かれてゆくように、つぎつぎに目の前に現れる。初めは、やや地味な一連の館が続き、それが中程から豪華さを増してゆき、ついに統領宮殿という大団円を迎える。しかも連続する館のあいだに、大と小、硬と軟、濃と淡、簡素と華麗といった変化があって、見るものを飽かせない。

そればかりではない。立ち並ぶ館は、蛇行する水路に正面を向けているから、船がしばらく進むと、館の正面の向いている角度が変わる。こうして船上の客は、何度か、異なる角度から光を受けている正面の列を見ることになる。この変化がおもしろい。さらに、どの館も直接水面から建っているように見えるのは、何度見ても不思議な光景である。運河の水は、基本的には緑色だが、これも時と天候とによって変化する。大運河沿いに建ち並ぶ館は、全体が、大水路という自然の条件を利用しながら人間の作った優れた芸術作品である。ここはひとまず、批評精神を脇に置いて、披露される美を素直に楽しむのが成熟した態度だろう。

大運河

大運河はまた、人と貨物の幹線輸送路でもある。この水路は、自動車のターミナルと、鉄道駅と、観光経済の重要ポイントであるリアルト地区と、町の中心である聖マルコ広場とを結んでいる重要な水上バス路線である。水上タクシーの往来もひんぱんである。荷船の往来も多い。積み荷はさまざまである。野菜、果物、飲料水、建築材料、電気製品、郵便物、スーツケース、洗濯物……。ヴェネツィアという町の経済と運輸とに、この水路は欠かせない存在である。

詩人ディエゴ・ヴァレーリの『感傷のヴェネツィア案内』（1942）に大運河沿いの館について述べている箇所がある。ヴァレーリは、大運河沿いに並ぶ館には、驚くほど生命力があるというのだが、ここでは、その生命力の由来を説明している。

この生命を、時々刻々、効果的に生み出しているのは、光の戯れである。空から来る光と、水に反射して増殖した光の戯れである。建築物は、人間の目の見ることのできる、もっとも豊かで、流動的で、変化しやすい光に対して、空虚な箇所と充実した箇所、休息場所と運動面、影になる洞窟と目の眩む鏡とを提供するだけである。この運河の道は、けっして同じであることがない。この眺望は静止することがない。太陽に薄雲が懸かるか、雲間から陽光が差すだけで、一瞬、物質的実在とまったく対照的な遠近・次元・関係ができあがる。正面《ファサード》や葉の色は、石や木々の色でなくて、むしろ季節や瞬間の色である。……大運河のあちらこちらの、二列の建物の表面の、平らだったり突起したり窪んだりしているあらゆる場所に、毎日、太陽と、雲と、黄昏《たそがれ》の薄もやと、水とが、彩色の工夫を凝らしているのである(2)。

*

印象派の画家モネ（Claude Monet, 1840-1926）が、二十世紀初頭（一九〇八年の秋）にヴェネツィアを訪れている。そのときに描いた大運河の連作を見ると、構図はすべて同一で、アカデミア橋近くの北岸から、河口のサルーテ教会側を見晴らしている。画布は、おおむね下半分に運河を描き、中央

クロード・モネ『大運河』
(P.Piguet, *Monet et Venise*, p.71.)

にサルーテ教会、その右に数軒の館、左に船を舫《もや》う杭を描く。

落日のわりあい早い時刻を描いた一枚では、空はまだ青色を残し、赤紫の雲が懸かっている。建物は、壁面が緑、屋根が赤紫、落陽に照らされる壁は黄色。水は、基本色が緑で、それに建物の明るい部分が黄色く反射して揺らいでいる。黄昏に近い時刻を描いた別の一枚では、空は黄緑と紫とに変わり、建物も壁面は緑で、暗部は紫、残照を受けている部分は、白っぽい桃色に輝いている。水は基本色の緑に、暗部が紫、そこに建物の明るい部分が赤紫に映って揺らいでいる。この画布では、全体に水蒸気が立ちこめている様子である。

こうして、モネの大運河の連作では、光と色彩が主体となって氾濫し、揺らぎ、その背後に実体感の希薄な教会や館が朧気《おぼろげ》に見える。それらの画布では、「人間の目の見ることのできる、もっとも豊かで、流動的で、変化しやすい光」の活動している様子が、描き出されている。詩人ヴァレーリと画家モネは、大運河の本質を同じように捉え、同じように表現したのである。

＊

ヴェネツィアの大運河とその河岸の建物は、感性や感覚の並はずれている詩人や画家ばかりでなく、ふだんは冷徹な人物も感心させるもののようである。それも、最近に始まったことではない。大運河というとかならず引用される有名な文章がある。フランスの外交官だったフィリップ・ド・コミーヌ（Philippe de Commynes, 1447-1511）の『回想録 *Mémoires*』の一節である。十五世紀末（一四九五年）、コミーヌはゴンドラに乗ってヴェネツィアの町にはいっていった。

これら二人の大使は、わたくしを真ん中に座らせた（イタリアでは中央にいるのが名誉なことなのである）。そして、わたくしを乗せて、大運河という名の、広い大きな街路を進んでいく。ガレー船が数隻運河を横切っているし、四百トンかそれ以上の船が数隻、家々の側にいるのも見られる。これは、わたくしが全世界で見たなかでいちばん美しい街路であって、そこに並んでいる家々も、この上なく見事である。しかも、それが町を貫流しているのである。建物は、ひじょうに大きくて背が高い。良質の石で造られ、古い建物には全体に色を塗ってある。それ以外の建物は、百年以内に建てられたものである。これらはいずれも白い大理石の正面《ファサード》を持っているが、大理石は百マイル離れたイストリア産である。そのうえ、多くの正面には、大きな斑岩や蛇紋石が付いている（3）。

現在大運河沿いに建ち並んでいる館のなかには、コミーヌが見たのちに建てられたものもかなりある。しかし大運河は、すでにコミーヌの頃から、両岸に館の建ち並ぶ目抜き通りとして、人の目を見張らせるようなものになっていたことがわかる。そして、館のなかに、正面を色塗り仕上げにしたものと、白大理石をそのまま見せているものの、二種があるのも、基本的には現在と同じである。色塗り仕上げにしてあるのが、おおむね中世に建てられた館で、白い大理石仕上げにしてあるのが、ルネサンス以後に建てられた館である。コミーヌは、これら二種の館が軒を並べている状態を見て素直に感心している。いわば常識人の反応といってよいかと思う。

ところが、英国の評論家ラスキン――十九世紀後半から二十世紀初頭の読書界で大きな影響力を揮《ふる》ったラスキンは、コミーヌのこの文章に、こんなコメントをする。評論『ヴェネツィアの石』(1851-53)の一節である。

……わたくしは、向かいの頁に、このフランス大使に強い印象を与えた、館の二種類の装飾を載せておいた。彼が区別に気付いたのは正しかったのである。十五世紀には、ヴェネツィアの建築物に、たしかに変化が生じていた。この変化は、わたくしたち現代人にとっても、いささか重要な変化である。わたくしたちの英国には、この変化ゆえに、セント・ポール大聖堂が建っている。ヨーロッパ全般では、この変化ゆえに、建築の諸流派の堕落や破壊が生じて、その後、一度も回復していないのである（4）。

ラスキンは、白い大理石で仕上げた建物——つまり、ルネサンス様式の建物——が、ヴェネツィアに建ち始めて以来、ヨーロッパ建築史は堕落の歴史になったというのである。

ルネサンス嫌い、そして近代嫌いのラスキンは、ヴェネツィアの建築物について、つぎのような認識と目論見とを持っていた。

……ヴェネツィアは、ヨーロッパの国々のなかで、かつてはもっとも宗教心の強い国だったのだが、転落に際しては、もっとも堕落した国になった。そして、強力であったときに、キリスト教建築の純正な流れの中心だったように、衰退に際しては、ルネサンスの源泉となった。ヨーロッパ人の目に、この流派を優れたものと見せたのは、ヴィチェンツァやヴェネツィアにある館の独創性と輝かしさだった。盛大に浪費し、優雅に愚行する、死にかけていたこの町は、青春のころよりも、老衰してから広く崇拝され、賞賛者たちのただ中で墓場にはいったのである。

したがって、ヴェネツィアにおいてこそ、そしてヴェネツィアにおいてのみ、この疫病のようなルネサンス芸術に対して効果的打撃を与えることができる。ルネサンス芸術の賞賛への権利を、ヴェネツィアで打破することができれば、他のどこでも権利を主張できなくなる。したがって、これが以下の試論の究極の目的である(5)。

ラスキンは特異な洞察力を持った人である。その主張は実証的には的を外しているようでいながら、どこかで鋭く真実を突く。そして、つねに過激である。ここの主張も、ヴェネツィアがヨーロッパでいちばん宗教心の強い国だったというのも怪しいし、キリスト教建築の純正な流れの中心だったというのも怪しい。しかし、ヴェネツィアは衰退期になってからヨーロッパ各地に大きな影響を与えたという主張と、ヴェネツィアやヴィチェンツァの古典主義風の館の影響力が大きかったという主張は、当たっているように思う。ラスキンは、その場合、パッラーディオ風の古典主義的建築物を中心に考えているだろう。

ラスキンは、ヴェネツィアのルネサンス建築に打撃を与えるつもりだというのだが、打撃の与え方はこんな風だった。ラスキンは、大運河沿いに建ち並ぶ、ゴシック様式の館とルネサンス以後の館とを対比する。

ゴシックの館（ジュスティニアンの館）

ルネサンスの館（コルネル・スピネッリの館）

……ヴェネツィアがまだ持っている魅力、そして過去五十年間にわたって画趣ある風景を画題にするすべての画家たちの愛好する場となってきた魅力は、これからわたくしたちが検討しようとしている時期〔＝ゴシック期〕の館に、ルネサンスの館が混ざり合って生じる効果である。

この効果は、ふたつの異なるやり方で生じている。ルネサンスの館は、それ自体では、ロンドンのペルメル通りのクラブハウス以上に画趣があるわけではない。これらの館は、その厳格さと洗練ぶりが、その下で営まれる豊かで野蛮で混乱した海の生活と対照されるから、そして、白く重厚な石造建築が、緑色の波と対照されるから、心地よいものになる。館の下から、漁船のオレンジ色の帆や、黒く滑るゴンドラ、荷船の積み荷でいっぱいの甲板や荒くれ者の乗組員、建物の基礎のところの緑色の水の波立ちを取り去ってみるがよい。そうすれば、ルネサンスの館は、ロンドンやパリの館以上に興味を引くわけではない。しかし、ゴシックの館は、それ自体に画趣があり、わたくしたちに対して独立の力を揮《ふる》う。海や空やその他のあらゆる装飾が取り去られても、これらの館は、やはり美しくて不思議なものである。ゴシックの館は、ヴェネツィアの混雑をきわめる大通りにある場合に劣らず、パドヴァやヴィチェンツァの寂しい街路にあっても（ヴェネツィアの支配下にあったころ、これらの都市にもたくさん建てられたのだが）、印象的である。そして、ロンドンの真ん中に移築されても、やはり、感覚に与える力を完全に失うことはないだろう(6)。

ラスキンのここでの主張を読んでから、大運河沿いのゴシックの館と、ルネサンス以後の館とを見比べてみると、ラスキンの主張は的を射ている、という感じがする。のちにふれるように、ラスキンの主張を読んでから、というのが問題なのだが。

ラスキンは、ルネサンス建築全般について、こんな批判もしている。

……ルネサンス建築の痩せた線のなかには、たしかに貴族性の最悪の特徴が表現されている。つまり、冷たく、訓練が完璧で、感情を抱くことができず、低い階層の人間の弱さへの同情に欠けていて、空虚で、希望が無く、高慢に自己満足しているのである。ルネサンス建築には、こういう特徴がすべて、文字に刻まれているかのように明瞭に書かれている。見てほしい。他のあらゆる建築物は、どこか庶民が楽しめるものを持っているものである。……しかし、ルネサンス建築は、正反対である。それは厳格で、冷たく、非人間的で、一瞬たりとも、輝いたり、身をかがめたり、譲歩することができない。ルネサンス建築の優れている点といえば、洗練されて、高度に訓練されていて、深い学識を伴っていることである。それは、建築家が、並の精神では味わえないことをよく知っている種類の建物である(7)。

わたくしは、この箇所を読み直すたびに、ラスキンの鋭さに感嘆する。ルネサンスと聞くと、つい人間性の解放という側面に思いが進むし、ルネサンスにそういう側面があるのは間違いないのだが、ラスキンは、ルネサンス期に生じた重要な社会変化を、建築様式の変化のなかに嗅ぎ取っている。ラスキンは、右の箇所に続けて、こういう。

そして世間の本能は、一瞬にしてこれを感じ取った。古典的形態の新たな正確さと周到な法則とのなかに、世間は、威圧的に地位の高さを表すのにとりわけ相応《ふさわ》しい手段を見つけたのである。君主たちがそれを喜び、宮廷人たちもそれを喜んだ。ゴシックは神を崇拝するのによい建物だったのだが、これは、人間を崇拝するのによい建物だったのである(8)。

つまり、ラスキンによれば、ルネサンスは神を崇拝する時代から人間を崇拝する時代への移行だったけれども、その過程で起きたのは、崇拝される対象が、神から支配階級の人間たちに移動しただけだ、というのである。庶民は、その変化に際して、支配者たちとともに神を崇拝する存在から、支配者たちに強力に支配され、それを崇拝させられる存在に変わったことになる。

『ヴェネツィアの石』というラスキンの著作のなかでは、こんな風に、ゴシック建築の良さと、ルネサンス以後の建築の悪さとが徹底的に述べられる。それを読まされたあとでは、大運河沿いの館を見るときにも、ゴシック建築のすばらしさは、たしかに、よく感じ取れるようになるのだが、ルネサンス以後の館には素直に感心できなくなってしまう。これが、わたくし自身の体験だった。ラスキンは読者に強力な薬と毒とを飲ませる人である。

*

英語圏には、この薬と毒とを飲まされた読者が少なくなかったようである。米国の作家ハウエルズの若い頃の著作に『ヴェネツィア暮らし』(1866)がある。米国領事として四年を過ごしたヴェネツィアの見聞記である。ハウエルズは、このころからすでに広い独自の視野を持つ優れた文筆家だった。ところがそのハウエルズも、「ラスキン主義者」を自認していたとおり、ヴェネツィアの美術や建築について書くときは、全身にラスキンの薬と毒が回っている。大運河沿いの館について述べるハウエルズを読んでみよう。

> 昔の貴族制共和国〔＝ヴェネツィア共和国〕の貴族たちを取り巻いていたもの以上に、人間の自尊心を喜ばせるものは考えられないのである。貴族の住んでいた家は、家具・装飾の贅沢さや、堂々たる大きさの点で、王の館といってよいものだった。彼の堂々たる生活に奉仕する召使いの一団が、広い館のなかに住んでいた。彼の威風を他所へ運んでゆくゴンドラは、館の前に――一族の紋章を描いて、一族の色に塗り分けられた杭に――小さな船団として、舫《もや》われていた。館そのものが、たいていは大運河沿いに建ち、水から直接伸び上がっているので、その貴族は、横柄で近寄りがたく感じられた。本土の貴族であれば、この効果を得るのに、高い壁と何重もの門を必要としたところである。建物の装飾は、ゴシックの奔放な奇想か、ルネサンスの悪趣味な贅沢を尽くして装飾され、館の正面《ファサード》が、彫刻した大理石で造られていなければ、画家の絵筆が、それを色彩の喜びで満たしていた(9)。

「ゴシックの奔放な奇想」と「色彩の喜び」の取り合わせと、「ルネサンスの悪趣味な贅沢」との対照が、いかにもラスキン調である。

米国人作家ヘンリー・ジェイムズも独特の鋭い感性の持ち主だったが、ヴェネツィアの建築物についての見方は、ラスキンの影響から少し自由になりつつも、基本的にはラスキンに従っている。ジェイムズは、ラスキンから離れるときには、遠慮がちに、そうしているといったらよいだろうか。あるいは、ラスキンの影響下にある読者に遠慮しているのだろうか。ジェイムズの随想「大運河 The Grand Canal」(1892) に、こんな箇所がある。

大運河に、いちばん良質の雄大さを与えているのは、もちろん初期の館である。しかし、公平にいえば、後期の館のなかにも——一つひとつを取り出すことができるなら、それを与えているものがある。いちばん美しい館が、いちばん醜いものと軒を接している。美しいがゆえに完全に保護されている館は、残念ながら、ほとんどない。さまざまな年代と世代が、館に対して、したいことをし、風と天気が大きな痕跡を残している。しかし、美しさを損なわれ、辱《はずかし》められてはいても、大理石の傷と、荒廃への忍耐とを見せるこれらの館は、世に類例のないものである。色褪《いろあ》せた、自覚的な正面《ファサード》が長く連続することによって、館の張り出しているこの静かな水路は、「歴史の遊歩道」になる。何度見直しても、この遊歩道から得られる教訓は、わたくしたちの関心の根底のところで、ヴェネツィアに比類の無い威厳を与えるのである。わたくしたちは教訓を、今では湾曲線そのものが歪んでしまっている、中世初期のロマネスク・アーチに読み取るし、輝かしい時代の、この上なく見事な個々のゴシックにも読み取るし、また、それと同じくらい誇らしげな退廃期の軒蛇腹《コーニス》や円柱にも、教訓を読み取る。今では、これら三種が、誠実さの点で、同様に感動的である。それぞれが、程度に応じて、高慢さを効果的に捨て去っているのである[10]。

ジェイムズが、「大運河に、いちばん良質の雄大さを与えているのは、もちろん初期の館」、つまり、

（おおむね）ゴシックの館だ、といっているところ、そして「輝かしい時代の、この上なく見事な個々のゴシック」、といっているところ、また、ルネサンス以後を「退廃期」というところに、ラスキンの影響が見える。しかしその一方で、ジェイムズは、ルネサンス以後の館についても、「公平にいえば、後期の館のなかにも――一つひとつを取り出すことができるなら」と、遠慮がちに、良いものがある、と指摘している。

ラスキンは、英語圏の読者に、ヴェネツィアのゴシック建築の良さを広めた功績がある。しかし、その一方で、ルネサンス以後の建物を喜べなくしてしまった罪もある。ラスキンのこの毒を消すのは、なかなか大変だったのである。

＊

大運河に建ち並ぶゴシックとルネサンス以後の館をどう見るかについては、十八世紀に一方の極端への揺れがあったのだと思う。そのさらに前、十七世紀の教養人リチャード・ラセルズの『イタリアの旅――完全なるイタリア周遊』（死後出版、1670）を見ると、大運河沿いの館について、「いちばん良いのは、ジュスティニアーニ、モチェニーゴ、グリマーニ、プリウーリ、コンタリーニ、フォスカリ、ロレダーノ、グッソーニ、コルナーロ」と誉めている(11)。これは、常識的に分類すると、順にその様式は、ゴシック、ゴシック、ルネサンス、ゴシック、ルネサンス、ゴシック、ヴェネツィア風ビザンツ、ルネサンス、ルネサンス、ということになる。ラセルズの誉めた館には、ルネサンス以前と以後の様式が入り交じっている。

ところが次の世紀、十八世紀の教養人ブロスになると、誉める館の一覧からルネサンス以前のものが、すっぽり抜けてしまうのである。ブロスの『イタリアからの私信』、一七三九年の手紙に、こんな一節がある。

この町は、全般的には、良い建物で出来ているとはいいがたい。それにもかかわらず優雅です。教会建築にいくつか良いものがあります。たとえば、聖ピエトロ、聖ジョルジョ、聖フランチェスコ、サルーテ、レデントーレ、聖サルヴァトーレなどで、ほぼすべてパッラーディオかサンソヴィーノの手になるものです。大運河沿いに壮麗な館がいくつかあるのは、いうまでもありません。そのなかでいちばん良いのは、グリマーニ、ペザロ、コルナーロ、ラビアです(12)。

グリマーニ、コルナーロ(コルネル・デッラ・レジーナ)は、ラセルズが挙げたのと共通で、ルネサンス様式の館である。新しく加わったペザロはバロック様式、ラビアも同様である。ブロスは、ゴシック様式とビザンツ様式の館を完全に無視している。教会建築の好みを見ても、ブロスがゴシック嫌いだったのは明らかである。ここでブロスが挙げた教会は、古典風建築とバロック建築ばかりだから。

中世を嫌い、それ以前の古典古代にあこがれる態度が広まり頂点に達したのが、おそらく十八世紀の前半、ブロスがヴェネツィアを訪れたころだったろう。当時の教養人ブロスも、大運河沿いの館について、当然のように、古典風なものだけを選び出して誉めたのだろうと思う。古典主義の毒が全身に回っていたとでもいえるだろうか。そしてラスキンは、その毒を別の毒で制したのだともいえるだろう。

コルネル・デッラ・レジーナの邸

ペザロの邸

ラビアの館

グリマーニの館

十九世紀になると、大運河沿いの館に関する見方についても、ブロスのような古典主義一辺倒からの揺り戻しが起こる。一八三七年に、フランスの作家バルザック（Honoré de Balzac, 1799-1850）が、こんな手紙を書いている。大運河沿いの館についてである。

その館のつぎにある小さな家に気付かれたでしょうか。ゴシックの開き窓がふたつある家で、正面《ファサード》は純粋なゴシック様式です。わたしは、毎日、そこでゴンドラを止めて、何度も、涙を浮かべるほど感動したのです(13)。

ラスキンの『ヴェネツィアの石』も、この揺り戻し——いわゆる「ゴシック・リバイバル」——のなかで書かれ、それを推進した本である。

＊

フランスの詩人ゴーチエに『イタリア——イタリアへの旅』（1852）と題した本があるのは、すでにふれたとおりである。内容の大部分はヴェネツィア旅行記である。この本も、古典主義からの揺り戻しのなかで書かれている。その点では、ラスキンの『ヴェネツィアの石』（1851-53）と同じである。奇しくも、出版年まで重なっている。それにゴーチエの『イタリア』も、『ヴェネツィアの石』と同様によく読まれた。たとえばのちのヴェネツィア好きレニエは暗唱するほど繰り返し読んだというし(14)、ヘンリー・ジェイムズも人に読むように推薦していたし(15)、二十世紀初め（一九〇二年）には英訳も出版されている。ゴーチエの『イタリア』は、影響力の大きさの点でも、『ヴェネツィアの石』と似て

カ・ドーロ

ヴェンドラミン・カレルジの館

いるのである。

しかし、ゴーチエの『イタリア』を読んだ読者は、『ヴェネツィアの石』を読んだ読者よりも幸運だったと思う。ゴーチエはラスキンほど過激でなかったのである。たしかにゴーチエも、ヴェネツィアに建つルネサンス以後の教会建築には、手厳しい。ゴーチエが、古典古代風の教会建築を好まなかった理由は、キリスト教精神を表現していないと考えたからである。ゴーチエは、こう書いている。

> カトリックの教会のために、わたくしはビザンツ様式、ロマネスク様式、ゴシック様式しか許容しない。ギリシア芸術は、多神教にぴったり適合していたから、それを使って別の思想を表現するのは困難である(16)。

しかし、ヴェネツィアの世俗建築に対する

ゴーチエは穏和で寛大だった。ゴーチエは、ゴシックの建築物を好んだが、ルネサンス以後の建築物の良さも見つけることができたのである。

カ・ドーロは、大運河沿いにある、代表的なゴシックの館である。ゴーチエは、この館を、このように喜びを感じながら見た。

　大運河のなかで、もっとも魅力的な館のひとつ。……この館は、全体に刺繍を施され、縁には鋸歯状の刻み、さらに全体に同様の透かし模様がはいって、ギリシア風・ゴシック風で野趣があり、幻想的で、空気のように軽快であるために、まるで大気の精たちの巣として造られた、といえそうな建物である(17)。

ちなみに、ここでゴーチエが「ギリシア風・ゴシック風」というときの「ギリシア風」は古典古代のギリシア風ではなくて、「ビザンツ風」の意味である。

ゴーチエは、カ・ドーロのような館を建てた建築家たちについて、「中世の、名も知られていない素晴らしい芸術家たち。この人たちが、ヴェネツィアへ独特の風情と独自性とを与えたのだ」、といって讃えている(18)。

しかし、その一方で、ゴーチエは、ルネサンス以後の館も好む度量があった。たとえば、ヴェンドラミン・カレルジの館は、大運河沿いに建つルネサンス様式の建物である。ゴーチエは、この館について、こういう。

ヴェネツィアでいちばん美しいこの館は、建築物の傑作である。そして、建物の彫刻は、驚くほど精巧である(19)。

大運河沿いに建つバロック建築、コルネル・デッラ・レジーナの邸についても、ゴーチエは、良さを感じ取っていた。

大運河をずっと遡ると、左手にコルネル・デッラ・レジーナの館がある……ドメニコ・ロッシによるこの建築物は、大いに優雅である(20)。

ラスキンよりも度量の広い、こういう案内者に従った読者は幸運だったと思う。

小運河

鉄道とトラックが普及する以前は、貨物の輸送には、河川や掘り割りを利用する方が、陸路を利用するよりも好まれたものである。日本でもヨーロッパでもそうだった。水路を使う方が、重く嵩張《かさば》る荷物を楽に運べたし、スピードの点でも、水運は荷馬や人間の背に劣らなかったからである。このことを考えると、かつてのヴェネツィアは、世界でもっとも効率的な貨物輸送をしていた都市だったろうという気がする。市中を網の目のように流れる水路を利用できたからである。

ヴェネツィアでは今でも、鉄道は、町の西北端の聖ルチア駅まで、自動車も、その近くのローマ広場かトロンケット駐車場までしか入ってこない。動力で車輪を動かす乗り物は町のなかを走っていない。したがって、人間が町のなかを移動するには、船に乗るか歩くしかないのだが、貨物を運ぶのについても同様である。自動車輸送を見慣れた東京のような場所からヴェネツィアに来ると、はじめは、この町の貨物輸送はいかにも悠長なように見えるのだが、じつは、なかなか効率的である。

ヴェネツィアの小運河のなかには輸送路として使われているものがかなりある。そういう小運河を見ていると、荷船がそれを使って、さまざまなものを運んでいる。飲料水、ビール、アイスクリーム、生花、建築用の木材や砂、スーツケース、郵便小包……。荷船は、ときどき、小運河の岸の所々に設けられた石段のところで留まる。荷船に乗ってきた運搬人は、船から手押し車を河岸に揚げ、その上に必要なだけの荷物を載せ、押しながら、目的の場所まで運んでゆく。荷船は、目的地にもっとも近い荷揚げ場に止めたのである。

現在使われている荷船は、エンジンを使い、スクリューを回して前進する。この町のなかの貨物輸送について、過去と現在とで変わったのは、基本的には荷船に動力を使っている点だけだろうと思う。千年前のヴェネツィアでも、五百年前のヴェネツィアでも、数十年前のヴェネツィアでも、荷物は、今と同じように、小運河を使って、目的地の側まで、船で運ばれてきたのだろう。そういう目で見ると、現在のこの町の貨物輸送の様子に、さらに面白みが加わってくる。

ヴェネツィアの小運河の利用の仕方で、過去数十年のあいだに大きく変化したのは、貨物輸送でなく、人間の移動についてだろうと思う。それはゴンドラという乗り物の性格の変化に関わっている。現在のゴンドラは、大運河のいくつかの場所で渡し船として使われている場合を除いて、完全に観光用の道具で、きわめて高価である。現在のゴンドラも、この町の環境にもっとも良く適応し発達してきた乗り物を体験できる点で、そしてまたこの乗り物から見られるのを意識して造られた町を、本来の視点から見られるという点で、高い代価を払う価値はじゅうぶんにある。しかし、ゴンドラはけっして日常的に乗れる乗り物ではない。

現在、かつての実用的なゴンドラの性格を、ある程度備えているのは、モーターボートの水上タクシーである。しかし、これもゴンドラと同じくらい高価で、日常的に利用できる乗り物ではない。残るのは、日常的に利用可能な値段の水上バスだが、水上バスは、ごく一部の区間を除いて、小運河を走らない。いわんや、それは、毛細血管のような小運河を縦横に走り回る乗り物ではない。

その結果、わたくしのような普通の滞在者は、ヴェネツィアの裏町を動き回るには、もっぱら徒歩によることになる。これにも、豊かな報いはあるのだが、数十年前までの滞在者と比べれば、この町

小運河の荷船

小運河（ゴンドラから）

の宝の半ばを失ったといってよいだろう。かつては、この町の陸の迷路だけでなく、水の迷路も、ゴンドラという船でじゅうぶんに体験することができたのである。その意味では、人が船に乗って移動する水路としての本来の小運河は、今では半ば追憶のなかにあるといってよいだろう。

わたくしがゴンドラと水上タクシーで何度か小運河を巡った体験からいっても、そこから見るヴェネツィアは、陸の小路から見るのとは、かなり異なるヴェネツィアである。

そもそも、この町には、小運河からしか見られない町並みがある。小運河の両岸に路がまったくなく、両岸の建物が直接水面から建っているような場所である。ゴンドラのような船からだと、そのように運河の両岸に建ち並んでいる建物を、いわば犬の視角のような低い視角から、見上げることになる。こういう場所の建物も、三階建てか四階建ての、もともと高い建物である。それが、船から見ると、高さが強調され、路地を歩くとき以上に、両側から圧迫される感じになる。光は、建物と建物とのあいだの隙間だけにある。頭上と前方と、それに後方。小運河は、船が少し進むと、右に左に、大きく折れ曲がる。

小運河沿いのこういう場所には、陸上の多くの路地にあるような店舗がない。陸の小路では、両側の建物の荒廃は、店舗の賑やかさによって中和されていることが少なくない。しかし、店舗のない小運河沿いの建物は、荒廃をそのまま晒《さら》していることが多い。多くの塗り壁は剥《は》げて煉瓦を露出し、鉄柵は錆《さび》るに任され、雨戸は色が剥げ落ちている。一階の、水と接する入口には、緑の藻がからみついている。

ところどころ、窓に花籠が飾られていたり、窓から窓へ渡した紐に洗濯物が干されているのを見ると、人間の生活があることがわかって、ほっとする。死んだような静けさの支配する水路も、荷物を運ぶ荷船が通ったり、観光客を乗せたゴンドラが通ったりすると、一瞬、生命感を少し取り戻す。しかし船が去れば、また、死んだような静けさの支配する場所にもどるのである。

そういう裏町の水路を通り抜けた船が、とつぜん運河脇の広場の前を通る。そのとき一瞬にして視野は開け、暗い圧迫感のある場所から、明るい世界に出る。開放感を感じる一瞬である。船はまた、暗い、死の静けさの支配する場所に迷い込んでゆくのだが。

この町の目抜き通りである大運河の開放感と美しさも、狭く暗い小運河の隘路《あいろ》を抜け出たあとでは、倍加して感じられる。

*

作家プルーストの小説『消えたアルベルティーヌ *Albertine disparue*』(『失われた時を求めて *À la recherche du temps perdu*』の第六巻、1925)のなかに、語り手がゴンドラに乗り、小運河を通ってゆく箇所がある。読者もまるで一緒にゴンドラに乗っているかのように感じさせる文章である。

わたくしのゴンドラは小さな運河を進んでいった。くねくねと湾曲しているこの東方風の町を案内してくれる精霊の神秘的な手のように、小運河は、わたくしが進むにつれて、順に道を付けてくれ、ひとつの地区の中心に溝を穿《うが》ってゆく。といっても、運河は、きまぐれのような細い溝をつけてその地区を分けるだけで、小さなイスラム風の窓の付いた背の高い家並みをほとんど分離することがない。そして、まるで魔法使いの案内役が指のあいだに蝋燭《ろうそく》を挟んで、行く手を照らしてくれるかのように、運河の前方に陽光を輝かせ、それに向けて路を切り開いてゆくのだ。狭い運河が分離したばかりの貧しい家々のあいだには——運河がなければ、完全に密集していたはずの家々のあいだには、空間は残っていないのが実感できる。教会の鐘楼や庭の葡萄棚は、洪水に会った町のように、小運河《リオ》と垂直に立ち、その上に張り出している。……ときどき、開けた箱のなかに思いがけないものを見つけることがあるように、そのあたりに見られるものよりも見事な建築物が現れた。象牙色の小さな神殿風の建物で、コリント式の円柱で飾られ、切妻壁《ペディメント》に寓意的な彫像がついている。日常的な環境のなかに投げ出されていて、少し居心地が悪げである……[21]。

作家ヘンリー・ジェイムズが随想「ヴェネツィア」（1882）のなかで小運河について書いた文章もすばらしい。

これまでの頁でわたくしが書いたヴェネツィアという魅惑的な名前を聞いたり見たりするとき、わたくしが考えているのは、不思議な聖堂と拱廊《アーケード》のある大広場〔＝聖マルコ広場〕でもないし、サルーテ教会の堂々たる階段と釣り合いの良い円屋根とのある大運河の広い入り口でもないし、浅い潟でも、心地よい聖マルコ小広場《ピアッツェッタ》でも、聖マルコ聖堂の暗い部屋でもない。わたくしの目には、町の中心にある狭い運河だけが見えている。緑色の水の断片、それに桃色の壁の表面。ゴンドラは、ゆっくり動いてゆく。大きく滑らかに曲がる。橋の下を通る。ゴンドラの船頭が叫ぶと、その声が静かな水の上を進み、静けさのなかで飛び散る。娘が小さな橋を渡る。橋は、駱駝《らくだ》の背のようなアーチになっている。娘は、頭に古い肩掛けを被っているのが、特徴であり、魅力だ。船で下を通ると、空が娘の背景になる。古い壁の桃色は、あたり全体に満ちている感じで、不透明

橋から見る小運河

ゴンドラから見る橋

な水のなかにさえ染み込んでいる。壁の後ろには庭があり、そのなかから、六月の白薔薇が（ヴェネツィアの薔薇は素晴らしいのだ）長い腕を、自然な飾りとして投げ出している。この小さな水路の向かい側には、ゴシック式の窓とバルコニーのついた大きな見窄《みすぼ》らしい正面《ファサード》がある。バルコニーには、汚い衣類が干され、その下には、水路用のぬるぬるした低い階段から、洞窟のような入り口が開いている。ひどく暑くて、静かで、運河は奇妙な臭いがしていて、その場所全体が魅力的なのだ[22]。

ヴェネツィアのほんとうの魅力は裏町の小運河にあると主張し、その魅力をみごとに伝えている文章である。ヴェネツィアの小運河とそのまわりの風景をこのように魅力的なものとして、いわば詩情あふれるものとして描いたのは、ジェイムズのこの文章がもっとも初期のものだろうと思う。

歴史家のエドワード・ギボンは、かつて、この百二十年前（一七六五年）に、「運河という大仰な名前を付けられている悪臭ふんぷんの溝《どぶ》(23)」と嫌悪を露わにしたのだが、それと比べると、ジェイムズの感じ方の新鮮さが、あらためて納得される。ジェイムズは、小運河の臭気すらをも魅力と感じているのである。ジェイムズのこの文章が雑誌に掲載されたのは、一八八二年のことだった。

その前年の一八八一年一月に、ロンドンで少し変わった個展が開催されていた。個展を開いたのは米国生まれの画家ホイッスラー（James Abbott McNeill Whistler, 1834-1903）である。変わった個展といったのは、それがパステル画ばかりの展覧会で、展示された五十五点の作品の多くがヴェネツィアの裏町を画題にしたものだったからである。

ホイッスラーの描いたヴェネツィアのパステル画を見ると、茶色の紙の肌理《きめ》を生かしながら、黒のチョークで、ものの輪郭をざっと描き、そこへ白や、青、オレンジ、緑、藍色のパステルを必要に応じて最小限に塗ってある。ホイッスラーは、そんな風にして、たとえば、建物の壁で両側から挟まれている狭い運河に、丸いアーチの小さな橋が架かっている様子を描いた。濃い色の運河の中央あたりには、揺らぎながら細長く光っている部分があり、運河には黒い小舟が浮かんでいる。建物と建物とのあいだに、狭い空があり、光がある。運河の両側の茶色の煉瓦壁は、ところどころに陽光を受けている。絵は、美しく、詩情を湛《たた》えている。

裏町のヴェネツィアの魅力を描くホイッスラーとジェイムズは相似だといってよいだろう(24)。先端的な画家と、先端的な文筆家は、ほぼ同時に同じ美を発見し、それを表現したのである。

ヴェネツィアの裏町の小運河の退廃美は、こうしてホイッスラーやジェイムズによって発見されて、ヴェネツィアの新しい魅力に追加された。この新しく発見された美は、その後、この町の魅力の大事

ホイッスラー『小運河』
(Alastair Grieve, *Whistler's Venice*, p.60.)

な要素になる。ただ、先にもいったとおり、この退廃美を、水路そのものから堪能できたのは、ゴンドラが高価な観光用具化する以前のことだから、発見されたのち、わずかに数十年間ではなかっただろうか。今は、裏町の退廃美は、もっぱら徒歩で路地を歩くときに、垣間見《かいまみ》られるものとなっている。徒歩で見る小運河の魅力を述べたものとしては、ディエゴ・ヴァレーリ『感傷のヴェネツィア案内』(1942) の一節がみごとである。

仮に、一日のある時刻に、四百の橋のどれかの上で一瞬立ち止まって、辺りを見回し、長い小運河《リオ》が見えたとしよう。小運河は、全体が影になり、暗くて、すこし陰惨で、向こうの奥に開いた出口で、大気と水が満開の夾竹桃《きょうちくとう》のように輝いている。しかし、数メートル、数分、数秒のちに、つぎの橋に登れば、別の小運河が見えるだろう。その小運河は、陽光を激しく受けて赤色になっている家の足下を巡っていて、全体が、炎のように燃え、火花がほとばしり、酔い機嫌のけたたましい高笑となっている。一時間後に(夕方や夜になるのを待つことはない)、このふたつの橋に戻ってみると、そこを初めて通るような印象を受けるだろう。なぜなら、あらゆるものが先ほどとは異なってしまっているからだ。小運河の側壁への明暗の配分、大気の色合い、遠近感、それに、いわば、精神の状態が異なっているのである(25)。

第四章　路地と船

ヴェネツィアは、飛行機で訪れるにしても、鉄道で訪れるにしても、自動車で訪れるにしても、いったん町のなかに入ったら、移動の方法は、船か徒歩しかない。現在、この町を見物する人たちの大多数は、大きな移動には水上バスを使い、その他のほとんどの移動は徒歩によっているだろう。百年ぐらい前までの観光客はゴンドラからこの町を見物することが多かった。ゴンドラから、この町を存分に見なくなったことにより失ったものも大きいが、徒歩中心の見学になって、得たものもまた少なくないだろう。それに、なにしろ、この町は、路のあるところならどこでも歩けて、自動車にはねられる心配がまったくない。「歩行者天国」という擦り切れた言葉があるが、この町は、街路から馬が消えて以来数百年、ずっと歩行者の安心して歩ける場所だった。ほんものの歩行者天国だったのである。太鼓橋の上り下りの多いのが少し辛い天国だが。

路地歩き

ヴェネツィアは小さな町である。観光スポットも互いに近接している。たとえば聖マルコ広場からリアルト橋へは、十分で歩いてゆける（ちなみに水上バスに乗ると、倍の時間が掛かる）。しかし、町に慣れないうちは、心理的には、もっと遠い感じがするだろう。その理由は、右へ左へ折れ曲がる路地を、ためらいながら辿《たど》ってゆかざるをえないからである。

詩人ゲーテの『イタリア紀行』を読んでいて、賢い人だな、と思ったことがある。ゲーテは、ヴェネツィアに到着すると、コンパスを手に、およその方位だけを確認しながら、町を歩いている。わたくし自身は、はじめてこの町を訪れたときに、路地に迷い込み、予約してあった宿になかなか行き着けず、半ば途方に暮れた体験があった。その後に『イタリア紀行』を読んで感心した。わたくしも、二度目にこの町を訪れたときには、コンパス付きの登山用時計を用意して来た。

ヴェネツィアでは、町に慣れないうちは、地図があまり役に立たない。路地があまりに込み入っているからである。路地に踏み込むと、高い建物で両側を挟まれてしまうから、重要な目標物を目で確認することができない。同様の理由から、太陽の位置によっておよその方角を知るのもむずかしい。ほんとうに道に迷いやすい町並みなのである。町に慣れないうちは、重要ポイントから重要ポイントへは水上バスで移動し、そこから目的地まで歩くのが賢明である。

ヴェネツィアの路地の入り組み方は並外れている。一般に古い町では、敵に攻め込まれたときに方向感覚が狂うように、わざと路を湾曲させてあることが多いものだが、ヴェネツィアの路地の複雑さは、それとは違う。ヴェネツィアの路地に計画性はほとんど感じられない。

ヴェネツィアは、潟のなかに自然に出来あがっていた多数の干潟の上に造られた町である。ロンバルド族などの、いわゆる蛮族の侵略から逃れるため、本土からやってきた人たちが、そういう干潟に住居を造り、住み着いたのがこの町の始まりだということは良く知られている。

自然の干潟はさまざまな形をしていて、集落はそういう干潟の形に合わせながら形成されてゆく。町が繁栄し、人口が増え、住居が増加してゆくときも、干潟の合計面積は狭いから、おのずと住居の確保を中心とし、通路は二の次にする町並みが出来上がっていっただろう。町のなかの移動のためには、毛細血管のような水路が利用できたから、陸路はあまり重視されなかっただろう。ヴェネツィアの路地を見ていると、そういう過去の町造りのされ方が想像される。

町並みを遠望

ヴェネツィアの町並みは、基本的に、路の両側に建物を建てたのではなく、建物と建物のあいだが路になった、という感じが強い。路は、幅が一定せず、十歩も歩けば湾曲したり、折れ曲がったりする。しかも、路地そのものの突き当たりは袋小路になっていて、路地の途中から、次の路地に繋がることも多い。ヴェネツィアは迷路の町なのである。この町のなかにも、わりあい長くて、折れ曲がりの少ない路が稀にあるのだが、そういう道らしい道は、たいてい十九世紀に町の近代化の一環として造られた新しい道である。

こうして、ヴェネツィアの市中を歩くときは、ほぼ例外なく、湾曲したり折れ曲がったりする細い路地伝いに歩いてゆくことになる。聖マルコ広場からリアルト地区へ移動したり、リアルト地区からアカデミア地区へ移動したりする、この町の幹線ルートも、路地から路地へと辿ってゆくものである。

路地を少し歩くと、太鼓橋を越える。小運河を渡るのである。また路地をしばらく歩くと、建物に囲まれた小広場に出る。ヴェネツィアの路地歩きは、建物と建物とに挟まれた狭く暗い路地を抜ける。それから太鼓橋を渡りながら、小運河の光景を垣間見る。また暗く狭い路地を抜ける。小広場に出て、視界が開けるが、また、狭くて暗い路地に入る——こんなふうに、狭と広、暗と明、平坦と上下、というリズムの繰り返しになる。

歩き慣れた幹線ルートを外して、すこし冒険してみると、かならず道に迷う。そういうときは、コンパスでおよその方角を確認しながら、大きな目標を目指す。急ぎの用事のないときは、路地で迷い続けるのも、おもしろい。迷い続けるのに飽いたら、建物の壁に「聖マルコ」とか「リアルト」と矢印の着いた黄色いプレートを貼ってあるから、その指示にしたがって、路地から路地へ歩いてゆくと、見慣れた場所へ出る。この町は、治安がたいへん良いから、こんな風にひとりでうろうろしていても、暴力を被ることもない。路地歩きをして道に迷うのを楽しめる人は、この町に向いている人である。

＊

まず、ヴェネツィアの路地に関するゲーテの観察を読んでおくことにしよう。『イタリア紀行』の一節。簡潔で的確な記述である。

路地の迷路 （*Guida d' Italia: Venezia*）

食事のあと、わたくしは、急いでまず全体の印象を確かめることにして、案内者なしで、方位だけに注意しながら、町の迷路のなかに飛び込んだ。迷路は、大小の運河によって分断されているけれども、大小の橋によって、また結びついている。あらゆるものが狭く凝縮している様子は、見たことがなければわからない。一般に、路地の幅は、両腕を伸ばせば、完全に、あるいは、おおむね測れてしまう。いちばん狭いところでは、両手を腰に当てると、広げた肘《ひじ》がつかえる。たしかに広い路地もあるし、ところどころに小広場もあるが、全体的には、比較的狭いといえるだろう[1]。

夕方、わたくしはふたたび案内者なしで、町のいちばん遠い地区まで迷い込んでみた。このあたりの橋は、すべて階段がついているので、ゴンドラやもっと大きな船が、橋のアーチの下を難なく通ってゆく。わたくしは、どこでも、誰にも道を尋ねずに、ふたたび方位だけで進路を正しながら、この迷路にはいったり出たりしてみた。最終的には迷路から抜け出ることができるのだが、それにしても、信じがたいほどの入り組み方である。それゆえ、完全に感覚で納得するわたくしのやり方が最善である(2)。

ヴェネツィアの路地を歩くときの感じがよく伝わってくるのは、作家プルーストの連作『失われた時を求めて』の一節である。第六巻『消えたアルベルティーヌ』(1925)のなかで、語り手は、夕刻、ひとりでこの町の路地を歩き回る。

夕方、ひとりで、魔法の掛かっているこの町のなかへ出かけていくと、わたくしは、いつのまにか、『千夜一夜物語』の登場人物のように、新しい地区のなかに居るのだった。散歩をしていて偶然に、見知らぬ広い場所を見付けないことは、ほとんどなかった。どの案内者も、どの旅行者もわたくしに話したことのない場所である。わたくしは、小さな道――「カッリ」――の網の目のなかに入り込んでいた。夕方には、口の広がった高い煙突を、太陽が鮮やかな薔薇色と明るい赤色とに染めているのが、まるで屋上で花を咲かせている庭園のようである。しかも、色合いがそれぞれずいぶん異なっていて、町中が、オランダのデルフトかハールレムのチューリップ愛好家の庭のようになっているといえそうだった。それに、家と家とがはなはだ近接していて、開いている窓の一つひとつが額縁となり、料理女が額縁を通して外を眺めながら、夢見ていたり、額縁のなかで、若い娘が、暗がりにいる魔女のような顔の女に髪を梳《す》いてもらっていたりする。ひっそりと貧しい一軒々々の家は、近接するこれらの小路《カッリ》がきわめて狭いため、オランダの室内画を百枚も並べてある展覧会のようだった。これらの小路は、互いが互いを圧縮しあいながら、あらゆる方向に分岐し、運河と潟とのあいだで切り分けられたヴェネツィアの断片を、さらに溝で分割していて、その断片は、無数のごく細く小さな形に結晶しているかのようだった(3)。

ところが、こうして路地を歩いていた語り手の視界が急に開けるのである。

突然、こういう小路が終わると、結晶した素材のなかに、弛《ゆる》みが生じるらしかった。広く贅沢な小広場《カンポ》が、魅力的な館に取り囲まれ、月の光で青白く照らされて、わたくしの前に広がっていた。しかし、これらの小路の網の目のなかで、その広場にどういう重要性があるのか、それどころか、どういう位置を占めるのかさへも、理解できなかった。他の町では、複数の道が、こういう建物の集まりに向かい、人をそこへ導き、指し示すものである。ここでは、建物の集まりが、複数の小路が交錯するなかに故意に隠されているように思えた。まるで、東方の物語のなかで、人を、夜、連れてゆく館のようなもので、夜明け前に自分の家に連れ戻されると、もうその魔法の住居を見付けられないので、人は夢のなかでそこに行ったと信じるのである。翌日、わたくしは夜見た美しい小広場を探しに出かけ、どれもが互いによく

窓の続く路地

似ている小路を通ってゆくのだが、小路は何も教えてくれぬばかりか、わたくしは、さらに道に迷うのだった(4)。

ヴェネツィアの路地そのものの様子もみごとに描かれているし、路地から突然広場に出るときの不思議な感じも、よく表現されている文章である。

プルーストもヴェネツィアの路地歩きで道に迷い、それを面白がっている様子なのだが、詩人レニエのつぎの文章は、路地歩きで道に迷う面白さを直接的に述べている。随想集『屋上テラス《アルターナ》』(1928)の一節である。

それぞれの小路には名前が書かれていて、地区《セスティエーレ》や教区《パロッキア》が示されていることも多いが、どこかへ向かって進むためには、これらの表示だけでは十分でない。しばらくすると身に付いてくる一種の勘に身を任せなければならないのである。ヴェネツィアでは、真っ直ぐな路は稀である。ある地点から別の地点へ行くには、ヴィアとかストラーダとかサリッザーダとかルーガとかルゲッタと呼ばれていたり、(昔の運河を埋め立てた跡地にあるから)リオ・テッラと名付けられていたりするけれども、じつはどれもほとんど同じ様子をした路地が錯綜するなかを横切ってゆくしかない。しかし、この画趣のある多様さのなかで道に迷うのは、何という喜びだろう——広いカンポや小さなカンピエッロを横切り、ソットポルティコの下を通り抜け、フォンダメンタを進み、(出発点に戻ってしまう)ラーモに入り込み、(出口のない)コルテやコルティーレに入り、目の前を横断している小運河のところへ出てしまい、道を阻まれて、後戻りをしなければならないのである(5)。

ソットポルティコ

コルテ

イタリアの詩人ディエゴ・ヴァレーリは長年ヴェネツィアに暮らし、路地歩きを愛した人である。ヴァレーリの随想集『感傷のヴェネツィア案内』（1942）に、こういう一節がある。

道順をあらかじめ定めないで、路地《カッリ》や小広場《カンポ》を歩き回るのが、おそらくヴェネツィアで体験できる最大の喜びだろう。幸いなるかな、地理をよく知らぬ者。幸いなるかな、何を為すのか、いずこへ行くかを知らぬ者。あらゆる驚きの国、あらゆる異常な発見の国は彼らのものである。細い路地を通り抜け、軒下路《ソットポルティコ》の黒い喉のなかにはいり込む、中庭《コルテ》に出る。袋小路かと見えた中庭に、別の細い路地へ抜ける隙間が見つかる。窒息しそうなそんな迷路から、風通しが良くて、光が溢れ、人で一杯の小広場か、さもなくば大貴族の宏壮な館の戸口か、さもなくば、陽光と風とに開かれた土手路《フォンダメンタ》か、さもなくば大小の船の走る広い小運河《リオ》に出る。それは、予期せぬもの、意外なもの、ほとんど有りえぬもののなかへ歩いてゆくことである。それは、たちまち、子供の頃、驚き、恍惚となったあの空想の国への小旅行を思い出させるのだ(6)。

ちなみに、レニエの文章にも出ていた「ソットポルティコ」は、建物の一階の一部分が公共の通路として使われている場合の呼び名である。完全に正確ではないのだが、ひとまず「軒下路」としておいた。プルースト、レニエ、ヴァレーリは、いずれも、いわばヴェネツィア通だった。その人たちが一様に路地歩きを楽しんだのである。

ところで、わたくしは、英国の評論家ラスキンと結婚してヴェネツィアに滞在した若妻エフィーの手紙のなかにも、ヴェネツィアの路地の面白さを述べた箇所を見付けて、おやっ、と思ったことがある。十九世紀半ば(一八四九年)、英国の母親に宛てた手紙の一節である。

> マクファーレン先生がこの地で十分に運動できなかったというのが、わかりません。完全に先生自身の落ち度だったに違いありません。立ってゴンドラを漕ぐほど楽しくて全身の筋肉に良い運動はないですし、漕ぐのは簡単でないのです。もし、それが嫌だったのなら、ヴェネツィア全体をパズルのように交差している、ほんとうに魅力的な小路があるのです。小路は十フィートほどの幅しかなく、そこを走り回れば、一日中道に迷っていることもできるのです。わたしたちも、昨日、二時間ほど道に迷っていたのですけれど。それに、ぜったいに轢《ひ》かれる心配がありません。馬車も、荷馬車も、馬も、手押し車もなくて、人間とゴンドラだけなのですから(7)。

この女性は、二十歳そこそこという若さのせいもあるのだろうが、基本的に人生を楽しめそうな人である。

さて、ヴェネツィアの路地歩きは、心にゆとりのあるときは面白いものだが、ある時刻に目的地に着かねばならないのに、途中で道に迷ってしまったりすると、心が焦るものだし、ぐるぐる歩き回ったあげくに、同じ小広場に二度、三度と戻ってしまったりすると、迷路から出られるのだろうかという不安に駆られることもある。

*

ロシア詩人ブロツキー（Josif Brodskij, 1940-96）に『水位標 *Watermark*』（1992）と題した随想集がある。先年『ヴェネツィア——水の迷宮の夢』（1996）という題で邦訳され、わりあいよく読まれた本である。この随想のなかで、ブロツキーは、ヴェネツィアに関心を持った重要なきっかけとして、若いころにレニエの小説をいくつか読んだことを挙げている。

> それらの小説は、半ば悪漢小説、半ば推理小説というふうなものだった。三冊のなかのすくなくとも一冊、わたくしが『田舎の娯楽』という名で思い出している小説は、冬のヴェネツィアが舞台になっていた。雰囲気は、黄昏時の危険を孕《はら》んだもので、場所の気味悪さが鏡によって倍加していた。主な出来事はほとんど、人の住まなくなった館のなかの、鏡の向こう側で起こっていた。一九二〇年代の多くの本と同様に、この小説もわりあい短く、およそ二百頁を超えず、話の進み方は軽快だった。主題はありきたりの、恋と裏切りである。重要なのは、この本が、いずれ

も短い、一頁か一頁半の章を連ねて書かれていたことだ。それらの章を読み進むにつれて、湿って冷え切った狭い街路を、夜、不安を募らせながら右に左に曲がりながら急ぎ足に歩いてゆく感じが浮かび上がってきた。わたくしのような生地を持っている人間にとって、これらの頁から姿を現してきた町は容易に認識可能なもので、いわば、ペテルブルクをもっと住み良い緯度に延長したばかりでなく、より良い歴史のなかに延長した町だと感じられた(8)。

ここでブロツキーのいっているレニエの小説は、たぶん『会見』(1919)という作品である。これは愛と裏切りの物語ではないのだが、その他の条件にはほとんど当てはまる。

この中編小説のなかで、ブロツキーを惹きつけた、「湿って冷え切った狭い街路を、夜、不安を募らせながら右に左に曲がりながら急ぎ足に歩いてゆく感じ」、はつぎの箇所だっただろう。『会見』の語り手は、秋の宵、宿を出て、ひとりでヴェネツィアの路地へはいってゆく。

このヴェネツィアの夜のなかにまた居ることになり、わたくしは幸せに近い気分になった。ヴェネツィアの夜のなかで、わたくしは、かつて、しばしば錯綜した路地《カッリ》を歩き回ったものだった。ほんとうに、ヴェネツィアの暗くて気まぐれな迷路のなかで、何度冒険したことだろう。わたくしは、この迷路を完全に知るようになり、ほぼ確実に方向を知りながら進めるようになっていた。ところが、その夜は、まもなく、いつもの確かな方向感覚を、もうわたくしは持っていないことに気付いた。何度か繰り返したあとで、わたくしは立ち止まらざるをえなくなった。進むべき方向が分からないのである。それどころか、一度などは、出口のない「ラーミ」のひとつにはいり込んで、それが小運河《リオ》のところへ出てしまい、引き返さざるをえなくなった。このちょっとした見当違いで、わたくしは苛立った。わたくしの散歩ははっきりした目的のない、急ぐ理由のないものだったので、苛立つことはなかったのだけれども。こうして、わたくしは、でたらめに歩き、迷い続けた（9）。

語り手が、こうしてしばらく路地をさまよったあとのことである。

……夜が更けていった。わたくしは、通り抜ける路地《カッリ》や横切る小広場《カンポ》の寂しさが募るのに気付いた。以前は、この寂しさこそ、わたくしの最大の喜びだった。わたくしは、こういう寂しさのなかで、まことに適切に「ヴェネツィアの神秘」と呼ばれていたものを、味わった――通行人が忍び足に歩いたり、ゴンドラが滑ったり、踵《かかと》が敷石で音を立てたり、櫂《かい》が水を切ったりする音や、人声や歌声や静けさや、薄暗い正面《ファサード》のまだ灯りのついている窓、といったものを味わった。しかし今日は、あれほどわたくしの愛していたヴェネツィアのこういう夜が、自分でも判別しがたいある印象を生み出していた。

……判別しがたい懸念が、確実に、少しずつ、わたくしのなかに浸透し始めていた。それは、思いがけないものに満ちた心霊的雰囲気のなかに入るときに生じる不安に似ていた。この薄気味悪い不安が辛くなってきたので、わたくしは思わず歩みを早めた。方向を定めるのをあきらめ、何度も、何度も道を曲がったあとで、偶然に、というよりも本能的に、光溢れる聖マルコ広場に戻れたときには、心底から、ほっとした（10）。

若いころ、レニエの（たぶん）この一節に深い印象を受けたブロツキー自身は、『水位標』のなかで、ヴェネツィアの路地について、こんな風に書いている。

ここでは、何を目指して家を出ても、こうして長い渦を巻いている小路や通路のなかで道に迷ってしまう。小路や通路は、抜けられると見えるのは、まやかしで、たいてい運河の水に突き当たるから、袋小路とも呼べない。……この町には北も、南も、東も、西もない。横道へ、横道へと行くのが、唯一の方角である。この町は、凍った海藻のように人を取り巻くから、自分の位置を知ろうとして、急いで動き回れば回るほど、ますます道がわからなくなる(11)。

水上バスとゴンドラ

ヴェネツィアは港町である。ただし、港のある町、ではなくて町全体が港である。なるほど、「海駅（スタツィオーネ・マリッティマ）」という名の特別の港湾施設もあって、外洋航路の大型客船が停泊していたりする。しかし、それはヴェネツィアの港のごく一部分にすぎない。また、統領宮殿の南の湾に、ときどき海軍の艦艇が停泊していたり、それより東、スキャヴォーニ河岸の尽きたあたりに大型や中型の客船が停泊していたりする。しかし、これもまたヴェネツィアの港のごく一部分にすぎない。むしろ、もっと日常的な船舶の停泊場所を考えたときに、ヴェネツィア＝港、のほんとうの姿が見えてくる。

まず、水上の路線バス「ヴァポレット」の停留所が何カ所もあるが、停留所は桟橋である。水上タクシーの乗り場は、タクシーとして使うモーターボートの発着する桟橋でもあり、モーターボートを舫《もや》っておく場所でもある。また、市役所、警察署、税務署、消防署といった役所もモーターボートを使用し、建物の玄関口に、それを舫ってある。市民病院も救急船として使うモーターボートを運河に舫っている。郵便局も、玄関に、動力付きの荷船を泊めて郵便物の積み卸しをする。観光客用のゴンドラ乗り場も、大小いくつもあって、ゴンドラが舫われたり、出入りしたりしている。中型の観光船が毎日のように発着する波止場も何カ所かある。

さらに、リアルトの魚市場・青物市場の河岸で、品物を運んできた荷船が積み荷を降ろしているのが見られる。荷船の停泊場所は、そのほか、ヴェネツィア本島のなかを縦横に巡る小運河の至る所にある。個人所有の動力付きの小舟や手漕ぎの小舟も、小運河の至る所に泊めてある。

病院の救急船

ヴァポレット（大型）

要するに、この町の河岸と運河は、ほとんどすべてが港として機能しているのである。

ヴェネツィアは港の町であり、船の町である。そこに滞在する普通の人がいちばん多く利用する船は、おそらく水上の路線バス「ヴァポレット」だろう。「ヴァポレット」は蒸気船の意味だが、現行の船は、蒸気で走っているわけではない。昔水上バスが蒸気船だった記憶が用語に残っているのである。ヴェネツィアの潟に水上バスが走り始めたのは十九世紀後半の一八七二年のこと、大運河に最初の水上バスが走ったのは、一八八一年のことだった。

＊

現行の水上バスには大小二種がある。大型のものは、全長十七～十八メートル、最大幅四メートルほどだろうか。屋根付きの船で、船体は大部分が卵色に塗られ、水面に近い部分は黒色に塗られている場合が多い。大運河を上下しているのは、この大型の乗合バスである。一方、小型の水上バスは、長さは大型のものと変わらないが、幅が狭く、全体にほっそりしている。これも屋根付きの船で、船体は、上部が白、下部が黒に塗り分けられている。こちらは、もっぱらヴェネツィア本島の周囲を巡っている乗合バスである。

小型の水上バスは悪いデザインではない。特に夕方、行き来しているのを見ると、島通いの渡し船という様子で、風情がある。しかし、大型の水上バスは、船を見るよりも、それに乗って、目の前に展開する光景を見る方が良い船である。

大型の水上バスに乗っていると、動力の振動が足に伝わってくる。大運河を走っているあいだは、揺れはほとんどない。ただし、この船も、大運河を出て、リドへ向かう航路に入ると縦揺れと横揺れとを繰り返すようになる。一方、小型の水上バスは、やや波の高い航路を採るせいもあって、縦揺れと横揺れとがいつも続く。速力は、どちらも人間が走るのと同じくらいだろう。大運河沿いの航路についていえば、地理に慣れると、ある地点から別の地点への移動時間は、歩くのとほとんど変わらないか、むしろ歩く方が早い。

＊

詩人ブロツキーが、一九六〇年代に、はじめてヴェネツィアを訪れたときに乗ったのも、大型の水上バスだったろう。ブロツキーは、「大きな平たい船で、鰯の缶詰とサンドイッチとの中間のようなもの」と表現している。いわれてみると、そういう印象のある船である。十二月の寒い夜で、ブロツキーは鉄道駅前から乗船した。水上バスで大運河を下ってゆくと、河岸には、館の家並みが次々に現れる。

夜のなかを船がゆっくり進んでゆくのは、まとまった思考が下意識のなかを通ってゆくのに似ていた。両側には、彫刻を施された巨大な櫃《ひつ》のような黒い館がいくつも、真っ黒な水のなかに膝まで水に浸かって、建っていた。館は、計り知れない宝物に満ちているのだろう。雨戸の割れ目から時折漏れてくる弱く黄色い電気的な輝きから判断すると、宝物は黄金らしかった。全体の感じは神話的、正確にいえば、一つ目のキュクロプス的だった。わたくしは、鉄道駅の階段から見た無限のなかに、すでにはいっていて、今は、そこの住人たちのあいだを移動していた。道筋には、黒い水のなかにキュクロプスたちの群が横になって眠っていて、時折、瞼《まぶた》を開いたり閉じたりするのだった(12)。

水上バスには客室がありプラスチックの椅子が設置されている。現地のやや高齢の人たちは椅子に座るのを好むようだが、観光客は中央甲板の端の、外がよく見える場所に立っているのを好む。この町をはじめて訪れたときのブロツキーも、甲板に立っていたらしい。ブロツキーは、走る船の上に立っている状態について、こんなことを書いている。

> 水の上を旅すると、短い距離であっても、何かしら原始的なものを感じる。人は、そこにいるべきではないと知らされるのだが、それは、目や、耳や、鼻や、舌や、手の平ではなくて、両足が知らせるのである。両足は、感覚器官として働くことを奇妙に感じている。水は、水平の原理を動揺させる。とりわけ、水の表面が舗装道路に似る夜に、それが起こる。両足の下で、舗装道路の代わりをする甲板が、どれほど堅固であっても、水の上では、人は、陸上にいるときよりも、いくぶん注意力を増し、種々の能力の備えをしている。水の上で、たとえば、街路にいるときのように、放心状態にはならない。両足は、人がまるでコンパスでもあるかのように、人間とその才知とをつねに引き締めておくのである。水の上を旅しているあいだ、才知が鋭敏になるのは、あるいは、古き良き原脊《げんせき》動物の、紆余《うよ》曲折を経た名残なのかもしれない[13]。

水上バスは便利なもの、近代の利便性を象徴するもののひとつである。だから、ヴェネツィアの近代的でない側面を愛した人たちは、水上バスを嫌った。評論家ラスキンの書簡体の評論『フォルス・クラヴィジェラ――英国の労働者への手紙 *Fors Clavigera: Letters to the Workmen and Laborours of Great Britain*』（1871-84）に、こんな一節がある。一八七二年にヴェネツィアで書かれた文章である。

潟に、最初の水上バスが走り始めたころだった。

わたくしの手紙は、けっきょく一日か二日遅れそうです。それというのも、リド行き水上バスの汚らしい蒸気機関のシュッ、シュッという忌々しい騒音のせいで、今朝はものが書けないからです。この水上バスは、統領宮殿の波止場のところで、もう貴族でも漁師でも肉でも魚でもなくなった薄汚いヴェネツィア人を待っている。ヴェネツィア人は、今では、他人に船を漕がせる金もなければ、自分で漕ぐ力も分別もなくなって、日がな一日、聖マルコ小広場を行ったり来たりしながら、煙草を吸ったり、唾を吐いたりし、翌朝はリドまで、叫び立てる蒸気釜に引きずられてゆき、海水浴をしては煙草を吸う力を回復させている[14]。

米国人作家ヘンリー・ジェイムズにとっても水上バスは「おぞましいヴァポレット」だった。随想「大運河」(1892)に、こんな一節がある。大運河に蒸気船が走り始めてすでに十年が経過していた。

現在のゴンドラ

水上バス《ヴァポレッティ》は、そうでなくても運命によって窮乏していたゴンドラの船頭たちが破滅するのを助け、館の基礎を波で崩して、館の破壊を助長したし、大運河から、静寂という最高の特長を奪い去った。その一方で、水上バスは、ニューヨークでいう「高速輸送」を、誰にでも手の届くものにした。そして、絶対に拒否する人たちを除いて、ニューヨークを走り回るような猛烈な速さで、ヴェネツィアを走り回ることを、誰にでも可能にした(15)。

水上バスが「猛烈な速さ」だというのは、現在の実物を見ると、大げさな感じがする。しかし蒸気で走る水上バスは、人の漕ぐ船か風で走る船しか見られなかったヴェネツィアの光景を一変させた。そういう水上バスが、実際以上に速く思えたのも、理解できる。

＊

便利だが平凡な水上バスと違って、人の興味を惹きつづけてきたのがゴンドラである。現在のゴンドラは、全長およそ十一メートル、最大幅およそ一メートル四十センチメートルの細長い木製の船である。船の形態は左右対称でなく、右舷がいくぶん長い。船首と船尾が反り上がり、竜骨の半分ほどは水上に露出している。船首と船尾の上部は、板で覆われている。船体とこの覆いは、全体を黒塗りのニス仕上げにしてある。船内の後ろから三分の一ぐらいの場所に、ふたり用の椅子と背もたれが置かれている。船首には、鉄製の、櫛《くし》を半分に切ったような飾りを付けて、重しにする。後ろから六分の一あたりの右舷に、櫂《かい》を支える支点があり、船頭は、左舷に、左足を前にして立ち、支点におよそ四メートルの櫂を通し、上半身を前後させながら、船を漕ぐ。

ゴンドラという船は、すでに十六世紀初めには現在と良く似た形をしていて、ゴンドラの名で呼ばれていたようである。贅沢禁止令によって、ゴンドラの色が一般に黒一色と定められたのは、この世紀の半ば、一五六二年のことである。そのころ、ヴェネツィアには一万艘のゴンドラがあったという。

ゴンドラを漕ぐ

当時、町の人口が史上最大になったが、その数が約十九万人である。ゴンドラは馬一頭の値段に相当したというから、貧しい庶民の所有した乗り物ではない。しかし、貴族と市民階級はほぼ例外なく自家用のゴンドラを持っていただろう。

ゴンドラは、長らく左右対称型の舟だったが、十九世紀に入ってから、右舷の長い現在の形に変わった。船形のこの変化は、前後にひとりずつ船頭が立って操るかわりに、ひとりの船頭だけで船を操りやすくする工夫だった。十八世紀末にヴェネツィア共和国が滅んだのち、ヴェネツィア経済が縮小し、自家用のゴンドラを所有する場合にも、ふたりの船頭を雇ってはおけなくなったためだという(16)。しかし、この船形の改良もあって、現在のゴンドラは、たいへん操作性にすぐれた船だそうである。むろん船頭の技量がすぐれているのだろうが、櫂一本の操作で、十メートル以上の長い船が、次々に急角度に折れ曲がる狭い運河を、苦もなく進んでゆく。

もうひとつゴンドラについての変化は、数十年前から無蓋の船になったことである。それまでは、船体中央に、江戸時代の大名籠にやや似た客室(フェルゼ)を取り付けることができた。この客室は、風除け、雨除け、そして他人の視線除けの役目をしていた。客室には窓が付いていて、それを閉めれば、プライバシーが確保できた。ゴンドラは、外見はどれも同じだったから、閉めきれば、誰の乗っている船か分からなくすることができたのである。ゴンドラから客室が取り払われたのは、この小舟が日常生活では使われない、観光用の乗り物になったのと関係しているだろう。観光客にとっては、もちろん、周囲を見渡せる方がよいのである。

ゴンドラは、今は数も減り、すっかり高価な観光の道具になってしまった。数十年前までは、漕ぎ手つきの自家用ゴンドラの他に、流しのゴンドラも多数あって、あまり豊かでない人たちでもひんぱんに乗れた船である。十九世紀後半の英国の旅行案内書『クックのハンドブック』(1875)には、こう書いてあった。

迷路のような街路で進路が分かるようになるには長期の滞在が必要である。それに、ヴェネツィアでは、誰も歩こうなどとは考えない。歩くのは、方針として良ろしくない。ゴンドラはひじょうに安価だし、大層快適だからである(17)。

一八八二年にヘンリー・ジェイムズも、「ゴンドラの船頭がサービスに対して要求する値段は、感動するほど僅かである」と書いていた(18)。

ゴンドラ（カナレットの絵）（*Canaletto*, SCALA, Slide 12）

今でも、五十分間六十五ユーロという大金を投じてゴンドラに乗ってみる価値は十分にある。ヴェネツィアそのものが人の官能を刺激する町なのだが、ゴンドラはおそらくその官能性を凝縮している乗り物である。ゴンドラの椅子にもたれると、身体は、左右へのゆったりした揺れのなかで、船が、櫂の動きと波の動きとにしなやかに反応するのを感じる。潟のやや大きな波に乗りながら進むのも一興なら、また、建物と建物とのあいだの細い運河に分け入り、静けさのなかで、櫂が水を掻く音を聞きながら進むのも、ゴンドラでしか味わえない体験である。

しかもゴンドラの椅子からものを見ると、視角が、普段は経験しない低さからになる。これこそ、数百年間にわたって人々がヴェネツィアの町を見てきた視角なのである。

＊

フランスの学者・政治家ブロスの『イタリア

からの私信』に、ゴンドラの描写がある。ブロスがヴェネツィアを訪れたのは十八世紀の前半、一七三九年のことだから、この描写は、画家カナレット（1697-1768）のヴェネツィア風景画にたくさん描きこまれているゴンドラである。ブロスの描写は、とりわけ、今は無い客室の内部の様子にふれているのが興味深い。

これは、魚のように長く狭い船で、鮫によく似ています。中央には、四輪馬車の箱のようなものが置かれています。箱は低く、ベルリン型箱馬車の形で、ふたり乗り小型馬車の二倍の長さがあります。前面だけに出入り口があり、そこからなかに入ります。奥にふたり用の場所がありまず。両脇にも背のない長椅子が置かれて、もうふたり乗れる場所はあるのですが、たいてい、このふたつの長椅子は、奥のふたりが足を載せるのに使われています。箱は、四輪馬車のように、三面が開いていますが、閉じたいときは、ガラスか、黒い羅紗《らしゃ》で覆った板で閉じます。ガラスや板は溝を滑らせるか、側面をゴンドラの船体に嵌《は》めこむのです。よく分かってもらえたでしょうか。ゴンドラの船首は、大きな鉄板で武装してあります。鉄板は、大きな鉄の歯が六つ付いた鶴の首のような形をしています。この鉄板は、釣り合いを維持する役に立っています。それは風車にも似ていますが、わたしは、それが鮫の開けた口に似ているといいましょう。船全体は黒く塗られ、ニスで仕上げてあります。箱は、内側にビロード、外側に黒い羅紗を張ってあります。モロッコ革のクッションも同じ黒色です。ゴンドラについては、何であれ、どんな細かな特徴についても、他と異なることは、大貴族にも許されておりません。したがって、閉めきったゴンドラのなかに誰がいるのかを知るのは、まったく不可能なのです。そこでは、自分の部屋のなかにいるのと同じようなもので、本も読めるし、手紙も書けるし、会話もできるし、愛人を愛撫することもできるし、ものを食べたり飲んだり、などなどもできる。町のいたるところを訪れながら、同時にこういうことができるのです。信頼性については試験済みのふたりの男が、ひとりは前に、ひとりは後ろに居て、望みとあらば、なかの人を見ないで、漕いでいってくれるのです(19)。

ヴェネツィアのように市域の限られ、人口稠密《ちゅうみつ》な都市では、プライバシーを確保することが難しい。しかし、ゴンドラは、どれもが同じ造りで、窓を閉じることのできる客室が付いていたおかげで、匿名性を得るのに、またとない手段だったのである。

ちなみに、ブロスのいうとおり、当時のゴンドラは二名の船頭が船の前後で漕ぐのが一般的だったようだが、カナレットの絵を見ると、一人だけで操っている例もすくなくない。

二十世紀への変わり目の頃、若き詩人ヘッセ(Hermann Hesse, 1877-1962)は、訪れたヴェネツィアで、「魅惑的なゴンドラの詩情」を愛した。そのヘッセに「ゴンドラ Gondel」と題した短い詩がある。

ゴンドラ

お前の軽い側板は黒く真面目であるけれど
楽しい今日に燃えるのは、甘美で
死の夢、若さの夢、愛の終わりの夢は
甘美で、奇妙なもの

お前の上に、青空の太陽が燃え
お前の下に、永遠の静かな潮が流れ
お前は、狭い、かすかに揺れる竜骨で
舷側の響きと愛戯とを運ぶ

ぼくの若い年月は、細いゴンドラ
お前のように速やかに、軽く
きらめく美しい水面を
見知らぬ目標へ滑ってゆく(20)

ゴンドラに乗っているときの感覚と、そのときに生じる精神状態とを、どちらもうまく伝える詩である。

トーマス・マンの『ヴェニスに死す』(1913)にも、ヴェネツィアに汽船で到着した主人公がゴンドラに乗り換え、ひとりで潟を揺られてゆく場面がある。これは、ヴィスコンティ監督が映画化した『ベニスに死す』(1971)でも印象的な場面だったので、そちらを記憶されている読者もあるだろう。ちなみに、この時代には、ゴンドラは今と同じようにひとりの船頭が後ろで漕ぐ船になっている。暖かい日で、客室《フェルゼ》も取り外してあるようである。

はじめてか、あるいは、長らく乗り慣れなかったあとで、ヴェネツィアのゴンドラに乗り込むときに、束の間の戦慄、ひそかな物怖《ものお》じや不安と戦わなかった人があるだろうか。この奇妙な船、物語詩《バラッド》の時代からまったく変わらぬまま今に伝わり、他のあらゆるもののなかで棺《ひつぎ》だけがそうであるような独特の黒い船、この船は、水音のする夜に、音もなくおこなわれる犯罪を思い起こさせる。それよりも、さらに、死そのものを、棺台、暗い墓場、最後の無言の葬送を思い起こさせる。そんな船のこの座席、黒い棺色に塗られて、にぶい黒色の詰め物をされたこの肘掛け椅子が、世界でいちばん柔らかで贅沢な、人をだらけさせる座席であることに、人は気づいたことがあるのだろうか。アッシェンバッハは、舳先《へさき》にきちんとまとめて置かれた自分の荷物に向き合い、船頭の足もとで、深々と腰を下ろしたときに、それに気づいた。さきほどの船頭たちは、まだ口論をしていた。荒々しく、理解できない言葉でわめき、威嚇《いかく》するような仕草をしている。しかし、この水都特有の静けさが、彼らの声を、やさしくすくい上げ、変容させ、潟の上にまき散らすかのようだった。この港のなかは暖かかった。熱風《シロッコ》の生ぬるい吐息にふれられながら、しなやかな水の上でクッションに凭《もた》れて、旅人は、慣れないながらに心地よい弛緩《しかん》の喜びに、目を閉じた。船旅は短いのだろうな。永遠に続けばよいのだが、と旅人は思った。軽い揺れのなかで、彼は、口論の声のもつれから滑り去ってゆくのを感じた(21)。

トーマス・マンはゴンドラを、客を弛緩させ、下意識と死の世界に導いてゆく船というようなイメージで描いている。ヘッセにも少し見られた(「甘美な死の夢」)要素を、小説の展開にふさわしく強調しているのである。しかし、それはゴンドラの一面にすぎない。

英国の詩人バイロンに「ベッポ――ヴェネツィアの物語 Beppo: A Venetian Story」(1818)とい

う詩がある。そのなかのゴンドラは、この船の別の側面も加えて、バランス良く描き出されている。現在、観光客としてゴンドラに乗る人たちの実感も、トーマス・マンの描いたゴンドラよりもバイロンの描くゴンドラに近いだろう。これはまだ、客室《フェルゼ》を付けられ、ふたりの船頭が漕ぐゴンドラである。

ゴンドラを見たことがありますか。
見たことがないといけないから
正確に描写しておきましょう。
ゴンドラは、ここでふつうに使われている
覆い付きの長いボートで
舳先に彫り物があり
軽快に、こぢんまり造られ
「ゴンドリエール」と呼ばれる
ふたりの漕ぎ手に漕がれ
棺桶を嵌《は》めこんだカヌーのように
黒々とした姿で水面を滑る
この棺桶のなかでは
何をいっても、何をしても
誰にもわからないのです。

ゴンドラはあちらこちらの長い運河を
登っては下り
リアルト橋の下をスーッと通り抜け
夜も昼も、あるいは速く、あるいは遅く
いろんな速さで進むのです。
ゴンドラは、劇場のまわりで
悲しげな陰気な仕着せを着て
黒い群をなして待っている。けれども
ゴンドラは悲しいものじゃない
ときには快楽を
たっぷり乗せていることもある(22)。

ゴンドラは黒い棺桶を載せたような「悲しげな陰気な」外見をしているが、ほんとうは「悲しいものじゃない」というのである。

ところで、ヘッセはゴンドラにひとりで乗っていて雷雨に遭遇したことがある。ヴェネツィアの雷雨は、まことに騒々しく激しいものなのだが、ゴンドラはそのときどうしたか。ちなみに、このゴンドラは客室《フェルゼ》を取り外してあった様子である。

わたくしたちは、狭い運河から曲がって、さらに狭い、ほとんど真っ暗な運河にはいった。陰気な壁沿いに急いで進んでいると、黒く死んだような水面を、二、三滴、雨が叩いた。この運河は、別のもっと広い運河に流れ込んでいたのだが、そこは風を自由に通していて、やや離れたところからも、疾風の轟《とどろ》くのが聞こえた。わたくしたちは広い運河の入り口に来ていて、船頭は曲がってそこへ入ろうとしたが、風で脇に押し流された。船頭は、もう一度試みたが、長く骨折ったあげくに、あきらめねばならなかった。わたくしたちは、運河の隅の、完全に静かな水のなかで、待った。ところが、二、三歩離れた広い運河では、嵐が吹きすさび、荒れ狂っているのだ。わたくしは、船頭に、今度は、曲がり角のところまで行くように、と激励した。この試みも失敗に終わった。この瞬間、突然、暗い夕暮れのなかで、青白い明るさが弾《はじ》けた。最初の稲妻だった。そのあとに、狂ったような土砂降りが続いた。わたくしは船頭に、雨の掛からないところへ逃げ込め、と叫んだ。わたくしたちは、できるかぎり速く、同じ運河を後戻りし、いちばん近くの橋に着いた。大きく湾曲しているけれども背の低い橋のアーチの下の、完全な闇のなかで、わたくしたちは止まった。橋の横幅は、ゴンドラの全長におおむね一致していた。闇のなかで、わたくしはゴンドラの中央に快適に座っていた。船頭は、船を壁にしっかり押しつけながら、わたくしの側に立っていた。橋の両側では、大雨が激しい音を立てながら降っている。平穏に数分を過ごしたとき、避難所を求めて、二艘目のゴンドラがやってきて、わたくしのゴンドラの側に止まった。その少しのちに、大急ぎで三艘目がやってきた。三艘のゴンドラは、たがいに近接しながら、橋で覆われた空間全体を満たしていた(23)。

第五章　教会

縁あってローマ・カトリック教会で受洗《じゅせん》してから久しい。キリスト教徒のひとりだということもあって、旅に出て、教会があると、なかにはいってみることが多い。教会の内部もさまざまなもので、一瞬にして神の存在を感じる気がする場合もあれば、戸惑ってしまう場合もある。しかし、軽々に結論を下すべきものではないと思う。ヴェネツィアを代表する教会、聖マルコ聖堂の内部も、わたくしにとっては、長らく戸惑いを感じるものだった。ところが、この町に滞在して、毎日曜日、この聖堂の荘厳ミサに出席するようになって、今では、この聖堂特有の精神的な美しさを実感するようになっている。

ヴェネツィアは教会の多い町である。ナポレオン支配時代以後、多数の教会や修道院が取り壊されたのだが、それでも現在まで残っている教会は百二十近くある。京都の旧市街ほどの面積の町に、である。京都も寺社の多い町だが、ヴェネツィアの教会の数は、それに勝るとも劣らない。町を歩くと、いたるところで教会に出くわす。たとえば、わたくしの住むアカデミア美術館近くの家からザッテレ河岸に向かうと、五分も歩かないあいだに、聖トロヴァーゾ、聖マリア・ディ・ヴィジタツィオーネ、ジェズアーティ、聖アニェーゼと四つも教会がある。刻限が来ると、近くの教会の鐘が、それぞれ異なる音程や響きで、一斉に鳴る。部屋のなかにいても、鼓膜が圧迫されるのを感じる。

この章では、この町の教会をいくつか取り上げて、それらに関わる、文筆家の印象に注目してみたいと思う。

聖マルコ聖堂

聖《サン》マルコ聖堂は、聖マルコ広場の東端にある。もっとも、広場の方が聖堂にちなんで名付けられているのだから、正しくは、聖マルコ聖堂の西側に聖マルコ広場が広がっているというべきだろう。聖マルコ聖堂は、聖マルコに捧げられている教会であり、聖マルコはヴェネツィアの守護聖人である。聖マルコは『新約聖書』の「マルコ福音書」を書いた人とされる。聖マルコは、図像的には、有翼の獅子の姿で表される。福音書を書いたという理由で、位の高い聖人である。聖マルコは、有翼の獅子の姿で表される。有翼の獅子は、聖マルコ聖堂の西正面にあるほか、この町のいたるところにある。かつてのヴェネツィア共和国の旗、そして現在の市旗もまた、この獅子を紋章にしている。

聖マルコ聖堂は、ヴェネツィア共和国が健在のころは、統領府付属の教会、つまりはヴェネツィア国家付属の教会だった。その一方で、この地域の宗教勢力の中心である司教座は、町はずれの別の教会（聖ピエトロ・ディ・カステッロ教会）に置かれていた。しかし、共和国が倒れたのち、十九世紀初頭（一八〇七年）からは司教座も聖マルコ聖堂に移され、このあたり一帯の教区を統合する教会となっている。

聖マルコ聖堂は、ヴェネツィアを訪れる人が、かならず立ち寄る場所である。聖堂の正面《ファサード》と、円屋根、堂内の様子は目にされた読者が多いかもしれない。

正面は二階に分かれている。一階には七つのアーチが並び、その上にテラスが付き、テラスの上に五つのアーチが載る。アーチのなかでは、一階も二階も、中央のものが大きい。正面は全般に白い大理石で覆われているが、一階のアーチ群には多数の大理石の飾り柱を配してあり、そのなかには赤紫色や緑色のものが混ざっている。一階のアーチも二階のアーチも、半円の箇所は、金地に青・緑・黄・海老茶色を使って聖画が描かれている。モザイク画である。ただし二階中央のアーチだけは例外で、半円の箇所にガラスが嵌《は》められ黒ずんで見えるが、アーチ上方の三日月型の部分に、青地に金色の獅子が浮き彫りにされ、アーチの上端には金色の翼の天使たちが並んでいる。このアーチの縁だけでなく、二階のアーチの縁は、いずれも上端が湾曲しながら中央に伸び上がって尖っている。そして湾曲した縁を多数の彫像が飾り、尖ったところに天使像が立つ。ゴシック風の装飾である。正面は、全体として華麗で人工的な印象を与える。

聖堂の屋根には五つの円屋根が載せられている。円屋根の先端は玉葱型にくびれ、その上に十字架を複雑にした飾りが載る。聖堂の屋根の部分はビザンツ風あるいはオリエント風である。

聖堂のなかにはいると、暗い。五つの円天井も、壁面も、金地の色鮮やかな聖画で覆い尽くされている。モザイク画である。床も、大理石でモザイク模様が描き出されている。天井と壁面のモザイク画は、ミサがおこなわれているときに、上方を照らす照明のなかで、座って見上げるのが一番美しいようである。この聖堂は音響もすこぶる良く、パイプオルガンと聖歌隊の合唱が聞こえるなかで、モザイクの金がきらめくのを見上げていると、聖堂の内部空間に天国のイメージを創り出そうとしたのだろうという実感がもてる。

＊

さて、聖マルコ聖堂に関する印象は、外観についても内部の様子についても、見る人ごとに異なるし、時代によっても異なるようである。ある人は、これを美しいといい、ある人は奇妙だといい、ある人は醜いという。

この聖堂を美しく感じた人たちを先に見ることにしよう。聖マルコ広場近くに住んで、毎日聖堂を見た領事ハウエルズは、『ヴェネツィア暮らし』（1866）のなかで、こう書いている。

聖マルコ聖堂は、巨大な鐘楼や、そびえ立つ宮殿群のせいで低く見えるが、それらと比べて、みすぼらしくは見えない。むしろ、起立して敬意を示す人々のなかにいる女王のように見える。聖堂の内部では、宗教心を深くかき立てられるのを感じる。しかし、聖堂の内部が天上的であるとすれば、聖堂の外部は、善良な人の日常生活と同様に地上的である。人を最初にこの聖堂に引き寄せるのは、この地上的で魅力的な美しさである（1）。

ハウエルズは、雪の降る日に聖マルコ聖堂を見たことがある。そのときの聖堂の美しさは、こう綴

聖マルコ聖堂正面

聖マルコ聖堂内部

聖マルコ聖堂モザイク画

聖マルコ聖堂外観

られている。

広場の反対側から見ると、聖マルコ教会の美しい輪郭が、空を背景に、完璧な鉛筆画となって描き出されていた。舞いながら降ってくる雪の筋が織りなされ、建物の周囲に新たな魔法をかけたようだった。この建物は、そうでなくても、いつも、幻想的な美しさが極まっているため、魔法が作り出したものとしか思えなかったのだが。心優しい雪は、年月が美しい建物に加えたすべての非行に同情し、腐敗の汚れと醜さとを隠したので、建物は建築者の手を放れたばかりのように――あるいは建築家の頭脳を出たばかりのように、という方がさらに適切な様子になっていた。正面の大きなアーチ群のモザイクの色彩は驚くほどに新鮮で、伸び上がる神殿のあの優雅な調和――大理石の渦と氾濫する葉飾りが軽快に聖人たちの像を支えるなかで見せるあの調和は、舞い落ちる雪の純粋さと白さとによって、百倍も霊妙なものになっていた(2)。

評論家ラスキンも聖マルコ聖堂を美しく感じたひとりだった。ラスキンは、『建築の七燈 *The Seven Lamps of Architecture*』(1849) のなかで、聖堂の正面が幻想的な美しさを備えているという。

……ヴェネツィアの聖マルコ聖堂の西正面は、多くの点で不完全ではあるが、その釣り合いの点で、そしてまた豊かで幻想的色彩による作品として、これまでに人間の想像力から生まれたもっとも美しい夢である(3)。

ラスキンはまた、高潮で聖マルコ広場に水の溢れたときに、聖堂の正面が水面に反映しているのを目撃したことがある。父親に宛てた手紙の一節である。

今朝はすばらしい高潮でした。……聖マルコ広場の大部分を水が覆ったのですが、広場のもう一方の端から見る教会の様子ほど美の極まったものはありませんでした。白や深緑や紫色の無数の柱が、輝く棒状のものになって広場のずっとこちらの方まで映り、先端は無数の矢となり、色が混ざり合っては消えるのです。しかも、そこここにはモザイクの青色や金色が点在している。仮に陽光があったら、『千夜一夜物語』の一場面のようだったでしょう[4]。

聖マルコ聖堂内部の美しさを述べた文章としては、詩人ディエゴ・ヴァレーリによるものが、すばらしい。『感傷のヴェネツィア案内』（1942）のなかの一節である。ついでにいえば、さきほどハウエルズが、「聖堂の内部では、宗教心を深くかきたてられる」と書いていたが、この一節を読むと、それがどのようなものであるかもわかる。

聖マルコ聖堂内部のモザイク画

仮に、昼の光を離れ、聖堂の内部の光のなかへ、大理石が詠う詩の密《ひそ》かな熱情のなかへはいるなら、空想のもつ現実性と、信仰の真実性との感覚が、わたくしたちの心中で一層高まるのを感じるだろう。わたくしたちは、ダンテの驚きに見開いた瞳が、九天のなかで回転するのをのを見た、あの「驚くべき、天使たちの神殿」のなかにはいるのだといってよいほどである。この場所を永遠に支配している物理的な薄明かりは、抽象的かつ絶対的な黄金の輝きをいささかも取り去ることなく、まことに深い円となり渦となって光る。それは、まさしく、ダンテの九天の天使たちの光輝のようだ。この精神的な黄金色のなかから浮かび出る画像は、聖なる魔術に満ちた表情と仕草とで、無言の言葉を話し、霊魂の領域のなかにあって、その言葉に、空間と時間の衣服を与えているのである。

聖金曜日の夜遅く、ランプがすべて消され、主祭壇の円屋根の下で、ただ一本の蝋燭の炎だけが震えていても、聖堂内部の黄金色は、振動する波となり、たちまち輝いて、大きな空洞の陰影全体に広がってゆく。そして、画像は、この刻限の悲劇的な壮大さによって拡大し蒼白になって、跪《ひざまず》いている人たちに、仕草と言葉の魔術をかける。そのときにも、いや、おそらくは、そのときこそ、いつにも増して、この教会は、人の造ったものであるよりも、むしろ神の贈り物のように見えるのである(5)。

ちなみに、文中、「聖金曜日」とあるのは、イエス・キリストが十字架にかけられたのを信者が追体験すべき日で、「悲劇的な壮大さ」という表現はキリストの十字架上での死に言及したものである。

*

聖マルコ聖堂の外観について、それが美しく見えるかどうかは、光のぐあいと、目の開け方によるのだという指摘がある。作家メアリー・マッカーシーは、『ヴェネツィア観察』(1956)のなかで、こう書いている。

聖マルコ聖堂の全体は、遠くから見るか、黄昏時に見る場合以外は、美しくない。……聖堂全体は美しくないのである。だが、美しいこともある。それは光の具合と一日のどの時刻であるかとによる。そしてまた、目を細めて、全体が平らに見えるように、彩色を施した平面に見えるようにするかどうかに係っている。まったく予期しないときに、美しく見えたり、おそろしく醜く見えたりして、不意を打たれるのである。ヘンリー・ジェイムズは、ヴェネツィアは、神経質な女のように変わりやすい存在だといったが、聖マルコ聖堂の正面については、それがとりわけよく当てはまる(6)。

マッカーシーのこの意見は、いくぶん当たっている。あるいは二〇世紀の発言として、もっともなものだといえるように思う。ここで、それ以前の趣味あるいは感受性の変遷をすこし辿ってみよう。十八世紀の前半(一七三九年)に聖マルコ聖堂を見た学者ブロスは、こんなふうに酷評していた。『イタリアからの私信』の一節である。

あなたは、これが素晴らしいところだろうと想像されていたでしょう。それが大外れなのです。これはギリシア風の、背の低い、中まで光の通らない、外も中もひどい趣味の教会です。建物は七つ〔ママ〕の円屋根で覆われているのですが、屋根の内側を金ずくめのモザイクで飾ってあるので、円天井というよりも大鍋のように見えるのです(7)。

「ひどい趣味」という表現に注目したい。今でもこういう風に感じる人たちはいるだろうが、重要なのは、十八世紀にはこういう感じ方が一般的だったということである。スコットランドの作家にムーア（John Moore, 1729-1802）という人がいたが、その著書『イタリア社会風俗管見 *A View of Society and Manners in Italy*』（全二巻 1789）のなかでも、聖マルコ聖堂について、ブロスと同様の軽蔑が示されている。

総大司教教会である聖マルコ聖堂は、いちばん豪華で贅沢な教会のひとつなのだが、最初の印象は鮮明でない。建物の様式は混合的で、主としてゴシック様式であるが、多くの柱はギリシア風である。外側は大理石で飾られている。内部は、天井も床も、すべて極上の大理石で造ってある。屋根を支える多数の柱も、同様の大理石である。建物全体には五つの円屋根が載せられている。ところが、これだけの労力と出費とを導いたのが、まことに劣悪な趣味なのである（8）。

「ひどい趣味」、「劣悪な趣味」……ブロスとムーアは、どちらも、この聖堂は趣味が悪いという。ちなみに、ふたりの文章に共通して使われている「ギリシア風」は、古典古代のギリシア風という意味ではなく、「ビザンツ風」の意味である。

わたくしたちは、十八世紀の歴史家ギボンもまた、聖マルコ広場周囲の建物について、「わたしがこれまで見たなかで、最悪の建物で飾られ、水よりも陸地の多い点だけが見事な大広場」といっていたのを思い出すことにしよう（9）。

ブロス、ギボン、ムーアのような感受性の趨勢《すうせい》は、もうしばらく持続する。十九世紀前半の一八二八年に、ウッズ（Joseph Woods, 1776-1864）という英国人建築家が聖マルコ聖堂について、同様の感想を書き残している。

奇妙な様子の教会と大きな醜い鐘楼は、紛れもないものだった。この教会の外見は、なによりも、その極度の醜さによって人を驚かせる(10)。

しかし、こういう十八世紀以来の感受性が持続する一方で、それに並行しながら、変化の徴候も表れていた。ウッズよりも前、一八一七年に、カロリーネ・フォン・フンボルト（Caroline von Humboldt, 1766-1829）というドイツ女性が、つぎのように書いている。夫（言語学者ヴィルヘルム・フォン・フンボルト）に宛てた手紙の一節である。

ヴェネツィアは、新たに、その美しさですっかりわたしを捉えました。聖マルコ聖堂、統領宮殿は、ほんとうに幻想的な驚くべき美しさを持っています。その美しさは、素材の輝き、これらの円柱、装飾、これらのモザイク、この高価な床――あらゆる独特なものの配置と統制とにあるのです(11)。

これは、わたくしたちがすでに見たような、ハウエルズ、ラスキン、ヴァレーリの感じ方と同質のものである。

ハウエルズの著書と同じ一八六六年の文章をもうひとつ取り上げておこう。フランス人批評家テーヌ（Hyppolyte-Adolph Taine, 1823-93）は、大運河を下ってきて、出口のところで左を見る。『イタリアの旅 *Voyage en Italie*』（全二巻 1866）の一節である。

左側に眼を移すと、そこには聖マルコ聖堂、鐘楼、広場、統領宮殿がある。おそらく、世界中でもこれに匹敵するような宝石はあるまい。……ここを支配しているのは、豊かで多彩な空想であり、統合をもたらす混交であり、調和に至る多様性と対照である。それは、女の首や腕にぶら下げられた八つか十の宝石を思わせる。それらの宝石は、豪華さか、あるいは美しさによって調和を作りだしている(12)。

ハウエルズやテーヌの時代以後、趨勢としては、聖マルコ聖堂は美しい建物、あるいは美しいところのある建物と見なされているのではないかと思う。さきに見たマッカーシーも、そういう時代の趨勢と自分の実感とのあいだに、すこし苦労して折り合いをつけている様子だった。

＊

ところで、聖マルコ聖堂を建て装飾を施した人たちは、それがこの町でもっとも重要な聖堂に相応《ふさわ》しい美しさをもっていると確信していたのに相違ない。現在の聖マルコ聖堂の建築が始まったのは十一世紀のことで、コンスタンティノープルの聖使徒教会を模範にしたのだといわれる。ビザンツ風の五つの円屋根が載せられたのは十三世紀のことである。外見的には、これで現在わたくしたちの見ている聖堂のかたちになったわけである。一方、聖堂の内外のモザイクによる装飾作業は、聖堂の建築直後から始まって、十六・十七世紀まで続いた。

十八世紀のブロス、ギボン、ムーアといった人たちが、この聖堂に趣味の悪さを感じる以前に遡ってみると、聖堂の装飾作業に関わった人たち以外にも、この聖堂を立派で美しく感じた人たちがいたことがわかる。

十七世紀初頭（一六〇八年）、ヴェネツィアを訪れた旅行家コーリャット（1577?-1617）が聖マルコ広場について、こう書いていたのを、もう一度思い出してみよう。『見たまま聞いたまま』（1611）の一節である。

この町全体のなかでいちばん美しい場所は、聖マルコの「ピアッツァ」である。……呆気にとられるほどの輝かしさに、わたくしは、はじめて広場に足を踏み入れたときは驚嘆し、忘我の状態となった。なぜなら、ここには、天下のどの場所にもないような壮麗な建築物があるからだ(13)。

コーリャットは、聖マルコ聖堂もふくめて、広場をとりまくすべての建物を「天下のどの場所にもないような壮麗」な建物だと絶賛したのである。この旅行者は、さらに別の箇所でも、「美しい聖マルコ教会」と書いている(14)。

コーリャットの十四年前（一五九四年）に、別の英国人モリソン（1566-1630）がヴェネツィアを訪れている。モリソンの旅行記『遍歴』（1617）はコーリャットのものほど表現が多彩でないが、この人も聖マルコ聖堂について、「以前のものより堂々とした建物に建て直された」といって、感心した様子である(15)。

旧財務官邸

ところが、この数十年後になると、聖マルコ聖堂への感じ方が変化してくるのが感じられる。一六七〇年に『イタリアの旅』という旅行記が死後出版された。著者は、ヨーロッパ大陸への滞在経験の豊富なカトリック司祭リチャード・ラセルズ（1603?-1668）である。この人は、聖マルコ広場を美しい場所と感じているのだが、その美しさをもっぱら新旧の財務官邸の作用と捉えている。

聖マルコ広場は、……じつに美しい景観を呈している。なぜなら、広場全体が、海側から北の突き当たりまで、アーチと大理石の円柱に接して造られ、その上には、聖マルコ聖堂財務官たち全員がいるのにふさわしい美しい部屋々々が載っているからである(16)。

注目したいのは、聖マルコ聖堂への言及が全然ないことである。カトリック司祭でありながら、この聖堂の美しさをいわないのは、美しく見えな

新財務官邸

かったから、正直にそういわないでおいたのではないだろうか。そうわたくしが推測するのには、わけがある。聖マルコ広場を囲む建物のなかで、聖マルコ聖堂（それと統領宮殿）を嫌がりながら、広場南北の新旧の財務官邸を好んだのは、のちのブロスもムーアも同様だったからである。

別の章でもふれたように、新旧の財務官邸は、同じ高さの長い建物で、どちらも拱廊《アーケード》のアーチと窓のパターンとが繰り返されていて、相違よりも類似の方が強く感じられる。それに、どちらも近代建築であって、中世建築ではない。今は、どちらの建物も煤煙で黒ずんでいるが、本来は白い大理石造りであるから、汚れる以前は華やかな感じがしたはずである。

ブロスは、「これらふたつの建物は長大な住棟で、屋根を彫像で飾った、堂々たる建築物です」、と書いた(17)。ムーアも、広場周囲の建物について、つぎのように書いている。

統領宮殿、聖マルコ教会、聖ジェミニアーノ教会、そして新財務官邸・旧財務官邸と呼ばれる一連の立派な建物（このなかには、博物館、公共図書館、聖マルコ教会財務官用の九つの執務室がある）。これらは、すべて大理石で建てられている⒅。

「一連の立派な建物」という形容が、新旧の財務官邸だけについている点に注目してほしい。ヨーロッパでは、ルネサンスのころから、しだいに中世の精神や事物を嫌って、古典古代の精神や事物を好み、それを模範にする態度が広まっていった。そういう趨勢《すうせい》のなかで、ヴェネツィアの聖マルコ聖堂についても、十七世紀のあいだ（ラセルズが訪れたころ）には、それが美しくみえなくなり、さらにそれを醜いと感じる美意識が十八世紀（ブロスやギボン、ムーアの訪れたころ）には頂点に達し、十九世紀前半（ウッズが訪れたころ）まで持続したのだろう。

その後、右のような古典主義的・反中世的な姿勢が頂点を過ぎるころから、中世的な精神や事物を再評価する動きが広まってゆく。「ゴシック・リバイバル」と呼ばれている潮流である。「ゴシック・リバイバル」は、建築の好みに特に明瞭に表れた現象で、英国でいえば、十八世紀後半から、建物に中世ゴシック様式を採用するのが流行し始め、これがまもなく大きな潮流となってゆく。その記念碑といえるのが、一八三六年に出版された『対比 *Contrasts*』という本だった。英国の建築家ピュージン（Augustus Welby Pugin, 1812-52）のこの著書のなかでは、こういう主張がなされていた。

……この国〔＝英国〕は、機械的工夫の点でどれほど優れているにしても、芸術の進歩についてはほとんど誇るところがないのであって、仮に中世のあいだに造られた建物が残存していないとすれば、この国の建築物は極度の軽蔑の対象となるだろう。……わたくしは、現代という時代から、優れた達成という偽りの仮面を引き剥《は》がし、万人の関心を、過去の、より良い時代の真の長所に向けさせたいと思っている。優れたものは、このより良い時代の残存物のなかにだけ見つかるのであり、このすばらしいにもかかわらず軽蔑されている時代の熱情と才能と感情とを研究することによってのみ、芸術は再興されるし、優れたものを取り戻せるのである(19)。

「ゴシック・リバイバル」の潮流はこののち勢いを増してゆく。一八三〇年代(一八三四年)に英国国会議事堂が火事で焼け落ちるという事件があったが、この国家の象徴的建物を再建する際には(一八四〇—六七)、ピュージンによってゴシック様式の外装・内装がほどこされることになる。それが今わたくしたちの目にする国会議事堂である。これよりさき、「ゴシック・リバイバル」の潮流は、英国にやや遅れるかたちで、ドイツ、オーストリア、フランス、アメリカにも波及していた。

ラスキン(英国)、ハウエルズ(米国)、テーヌ(フランス)といった人たちが一様に聖マルコ聖堂の美しさを賛美したのは、この「ゴシック・リバイバル」の潮流に乗っているといってよいだろう。仮に、聖マルコ聖堂を魅力的に感じるとすれば、わたくしたち自身もまだこの潮流のなかにいるのである。

レデントーレ教会

聖《サン》ジョルジョ・マッジョーレ教会は、ヴェネツィアを訪れた人の記憶にかならず残っている教会である。この教会の白い正面《ファサード》と、赤茶色の壁と、高い鐘楼は、聖マルコ小広場からよく見える。これは十六世紀の高名な建築家パッラーディオ（Andrea Palladio, 1508-80）が設計・施工した教会である。パッラーディオの死後、その設計に沿って完成された正面は、四本の長い柱の上に、三角形の切妻飾《ペディメント》りを載せる。古典古代の神殿風の造りである。

聖ジョルジョほど目立たないが、やはりパッラーディオの作品でレデントーレという教会がある。これはジュデッカ島にある。ジュデッカは、聖ジョルジョ島の西隣から西方に二キロメートルほど延びている細長い島である。レデントーレ教会は、このジュデッカ島北岸の東寄りに建っている。教会の正面は北を向いていて、聖マルコ小広場からも正面が望める。この教会も、聖ジョルジョの場合と同じで、正面がヴェネツィア本島側から見えるように建てられているのである。

「レデントーレ」は「救世主」つまりキリストの意味だが、レデントーレ教会の場合には、人間一般を救済するキリストという意味の他に特殊で切実な意味がこめられている。ヴェネツィアの町では、十六世紀後半の一五七五年から七七年にかけてペストが大流行し、およそ五万人が死んだ。人口の三分の一が失われたのだという。このいわゆる黒死病からの解放を祈願するため「救世主」に捧げて建てられたのがレデントーレ教会である。

レデントーレ教会の正面《ファサード》も、聖ジョルジョの場合と同様に、古典古代の神殿風の造りである。横幅の広い階段の上に、四本の柱を並べ、その上に三角形の切妻飾りを載せる。正面の背後に円屋根が載

聖ジョルジョ・マッジョーレ教会正面

レデントーレ教会正面

せられ、円屋根の左右には細い鐘楼が耳のように立っている。

　教会のなかにはいると、大理石の白い空間があり、そこに天井の窓をとおして透明な光が注いでいる。そのなかに置かれた祭壇の、黒い十字架像や天使像がいくぶん衝撃的である。

＊

　レデントーレ教会に関する評価も、人によってさまざまなのだが、そういう評価にも時代の趨勢《すうせい》のようなものが感じられる。

　レデントーレ教会を賞賛した人としては、まずゲーテが思い出される。十八世紀も終わりに近い（一七八六年）頃、ヴェネツィアを訪れたゲーテが、最初に見に行った建築物は、カリタ修道院（現在アカデミア美術館がはいっている建物）だった。ゲーテは、すでにパッラーディオの著作を読んでいて、そのなかに載っていたこの修道院の改築計画が気に入り、期待して見に行ったのである。行ってみると、残念ながら、改築されていたのは、予定の十分の一ほどでしかなかった。それでもゲーテは十分にパッラーディオの天才に感動したのである。その翌日、ゲーテの見学に行ったのがレデントーレ教会である。こちらのパッラーディオ作品は、カリタ修道院の場合と違って、完成作だった。ゲーテの感動はひとしおだったろう。ゲーテは、こんなふうに書いている。『イタリア紀行』の一節である。

レデントーレ教会は、パッラーディオの美しい傑作で、その正面は聖ジョルジョ教会の正面より見事である。何度も銅版画にされている作品だが、この発言を納得するには、建物を眼前に見なければなるまい。ここでは、二言、三言だけ述べておく。

パッラーディオは、古典古代の生活に全身を満たしていた人で、大人物らしく、自分の時代を小さく狭く感じていた。この人は、自分をゆだねずに、むしろ、できるかぎり、世の中を、自分の高尚な認識にしたがって造りかえようとする。わたくしが、著作の穏やかな表現から推測するところでは、この人は、キリスト教の教会が、古代のバジリカの形に建てられ続けることに不満で、自分の宗教建築を古代の神殿の形に近づけようとした。不適切な結果もいくつか生じたが、わたくしの考えでは、レデントーレ教会では、それがうまく除去されていて、聖ジョルジョ教会では、それが目に立つ……。

レデントーレ教会は、内部も同様にすばらしく、すべてが、祭壇の設計に至るまで、パッラーディオによるものである(20)。

それより前の一七三九年には、ブロスも、レデントーレ教会について、「パッラーディオの建築物で、外部も内部も、なかなか良い。明るく清潔な教会である」、と誉めていた[21]。

ゲーテと同じころにヴェネツィアを訪れたベックフォードも、この建物が気に入った様子である。旅行記『夢、目覚めているときの考え、出来事』(1783)の一節である。

……それからゴンドラに乗り、どのようにしてであるかはわからないが、階段のところに着いた。階段は、レデントーレ教会に続く階段だった。レデントーレ教会は、じつに簡素な洗練された建物だったので、わたくしは古代の神殿にはいってゆくのだと思った。そしてデルフォイの神か、その他の優雅な神の像を探した。青銅の巨大な十字架がわたくしを現代に引き戻した[22]。

しかし、十九世紀の半ばになると、レデントーレ教会に対する見方があきらかに厳しくなっているのが感じられる。

ラスキンの『ヴェネツィアの石』(1851-53)のなかでは、レデントーレは、「郊外の島にある、小さく軽蔑すべき教会で、小さな絵が三点収められているという理由だけで、関心の対象となる」、と書かれている[23]。

ハウエルズの『ヴェネツィア暮らし』(1866)のなかでのレデントーレの評価も、ラスキンの場合とよく似ている。

この島〔＝ジュデッカ島〕は全ヴェネツィアのなかでも、いちばん、しつこくて手に負えない乞食を生み出す。この島には、なまけもののカプチン会修道士たちの修道院があるが、この連中もおなじく乞食である。レデントーレ教会は、彼らカプチン会修道士たちのものだ。この教会は、聖具室にあるベッリーニ作の聖母画だけによって、見る価値の生じている教会である(24)。

ラスキンとハウエルズがなぜこれほどレデントーレ教会を軽蔑したのか、記述が大ざっぱすぎて理由がよくわからないのだが、同じころの詩人ゴーチエの記述を読むと、理由のひとつが浮かび上がってくる。ゴーチエは、レデントーレについて、こういう。旅行記『イタリア』(1852)の一節である。

この教会は、優雅な様式で、調和・均整のとれたギリシア風の美しい正面を持っている。パッラーディオは、こういう設計に優れていた。この種の建築物は、いわゆる「趣味の良い人たち」を喜ばせるものである。節度があって、純粋で、古典的なのだ。人はわたくしを野蛮だと非難するであろうが、この種の建物は、わたくしにはあまり魅力が感じられない。カトリックの教会のために、わたくしはビザンツ様式、ロマネスク様式、ゴシック様式しか許容しない。ギリシア芸術は、多神教にぴったり適合していたから、それを使って別の思想を表現するのは困難である(25)。

つまり、ゴーチエがレデントーレ教会を好まないのは、そこにキリスト教の精神性が欠けていて、異教的だから、だというのである。ラスキンとハウエルズがレデントーレ教会を軽蔑した背景にも――ラスキンの場合には間違いなく、そしてハウエルズの場合にもたぶん――ゴーチエと同じ理由が隠れているだろう。ラスキンとハウエルズは、ゴーチエと違って、プロテスタントの立場からなのだが、レデントーレが異教的という点では、ゴーチエと同感だったようである。

レデントーレ教会は、設計者のパッラーディオはむろんのこと、同時代の多くの人たちの好みにも合う建物だったはずである。そういう嗜好は、ゲーテのころまでは持続したらしいし、もちろん、その後も愛好者はいただろう。しかし、注目すべきは、ゲーテ後に現れた「ゴシック・リバイバル」の圏内にいた人たちである。彼らは、特に教会建築について、中世の建物を、ふたたび、中世の人たちと同様に好きになれた。ゴーチエのいうように、ビザンツ様式・ロマネスク様式・ゴシック様式を好きになれたのである。ところが、その反面で、彼ら「ゴシック・リバイバル」派の人たちは、その後のパッラーディオなどの古典風建築を嫌悪するようになってしまったのである。ゴーチエは、パッラーディオの教会建築全般について、こんなふうにはっきり書いている。

パッラーディオは、多くの立派な建築物が証明しているとおり、たしかに、すぐれた才能を持った建築家だが、カトリックの感覚をまったく持っていない。パッラーディオは、ナザレトのイエスや輝かしい伝説に彩られた殉教者の聖堂を建てるよりも、むしろ、エフェソスのディアナやギリシアのユピテルの神殿を再建するのに向いている(26)。

しばらく前、ベックフォードの感覚は、レデントーレ教会を古代ギリシアの神殿とほぼ同質のものと捉えて、それを喜んでいたのだが、ゴーチエは、同じ理由で、この教会を好まなかったのである。

スカルツィ教会とサルーテ教会

ヴェネツィアの鉄道駅を出ると前は広場だが、その左脇にひとつの教会がある。スカルツィ教会という。正式名はナザレトの聖マリア教会というのだが、通称のスカルツィの方が良く知られている。「スカルツィ」は「素足」の意味である。この教会は跣足《せんそく》カルメル修道会の教会で、この会の修道士たちは素足（にサンダル履き）で生活をするのである。

跣足カルメル修道会は、十七世紀前半（一六三三年）にローマからこの場所に移転してきた。その後、この修道会はペロポネソス半島で布教活動をしたが、そこはヴェネツィアの重要な商業基地のあったところである。この布教活動のあいだに、この修道会は、ヴェネツィアの貴族たちと良好な関係になったという。そのため、新しい教会を建てると決まったときには、貴族たちが競って献金したそうである(27)。そういう事情から建築資金が潤沢だったので、この教会は、外部にも内部にも、金をふんだんに掛けてある。

スカルツィ教会は、様式的には、ローマで盛んだったバロック様式をこの地に移植したかたちになる。建築の始まったのが十七世紀半ばの一六五四年、献堂式は十八世紀初めの一七〇五年におこなわれた。

南東に向いている正面《ファサード》は白い大理石で造られている。飾り柱で区切りをつけた階を重ね、その上に三角形の切妻飾り《ペディメント》を載せる。一階中央のアーチが入り口になっている他に、飾り柱と飾り柱とのあいだにアーチ形の壁龕《ニッチ》があり、どの壁龕にも聖人像が置かれている。飾り柱の柱頭や、壁龕のアーチなどには、葉型の装飾が施されている。正面は全体として、隙間無く装飾されている印象である。

教会のなかにはいると、壁は白色と灰色と赤色の斑《まだら》の大理石で飾られている。中央奥の主祭壇は、赤い大理石のよじれた四本の柱が金色の円蓋を支え、その下に、小型の神殿風のものを置く。ここの四本の柱もそうだが、堂内のその他の装飾も全般に下方から上方に向かって伸び上がってゆく感じの動的なものである。特筆すべきは光の扱いである。窓から差し込む光を一旦障害物で遮《さえぎ》り、光が光線の束となって堂内に差し込むように工夫されている。いわば、この世の闇のなかに天上から光が降ってくる感じである。

スカルツィ教会

＊

スカルツィ教会は、施工主の跣足カルメル会が方針を指示し、細部まで指図した建物だという。したがって、当時のこの修道会の好みが反映した建物だと見て良い。そして時代の好みもまた表現されていると見て良いだろう。しかし、十九世紀の半ばになると、スカルツィは好まれない建物になっていた。たとえば、ラスキンは、『ヴェネツィアの石』のなかで、こんなふうに酷評している。

この教会にはジョヴァンニ・ベッリーニの絵が一点ある。そして、この教会は、高価な大理石が使われているという理由から、ヴェネツィア中で有名である。「グロテスク・ルネサンス様式」の建物について述べる際に、これまで言い忘れていたのだが、この種の建物の多くには一種の不誠実さが際立っている。この不誠実さは、ほんものの大理石を使用する場合にも見られるもので、節約が動機ではなく、ただただ手品と虚偽そのものを愛するところから生じている。……ヴェネツィアの後期の教会のいくつか——なかでもとりわけジェズイーティ教会、聖クレメンテ教会、スカルツィ教会が賞賛されるおもな理由は、カーテンやクッションが石を切り刻んで表現されているる点にある。いちばん馬鹿げた例は聖クレメンテ教会の場合であり、いちばん奇妙で金の掛かっているのがスカルツィ教会の場合である。スカルツィ教会は、大理石を、ありとあらゆるやり方で下品に使った典型であり、それは色彩感覚のない人たち、芸術作品について、素材の高価さから生じる価値以外を理解できない人たちの制作したものだ(28)。

大理石を大理石という素材として生かしていないという一種倫理的な観点からの批判、そして色彩感覚がおかしいという審美的観点からの批判である。ちなみに、ラスキンは、バロック様式をルネサンス様式の醜い一変形として捉えて「グロテスク・ルネサンス様式」と呼んでいる。この教会は、作家ヘンリー・ジェイムズの繊細な美意識にも合わなかった。ジェイムズは、十九世紀末(一八九二年)にこう書いている。随想「大運河」(1892)の一節である。

ロココ様式のスカルツィ教会はここにある。教会全体が大理石と孔雀石とで造られ、全体が冷

> たく硬質にぎらつき、贅沢で、渦を巻いていて、醜い(29)。

一方、ゴーチエは、スカルツィ教会を、キリスト教精神という観点から酷評した。ラスキンとほぼ同時になされた痛烈な批判である。ゴーチエは、バロック様式を「イエズス会趣味」と呼ぶ。

> イエズス会趣味についていうなら、瘤《こぶ》のような円屋根、浮腫《ふしゅ》を病んだような円柱、腹の出た手摺り子《バリュストル》、ジョゼフ・プリュドムの花押《かおう》のような柱頭渦巻装飾、むくんだ智天使、去勢された諸天使、ひげ剃りを待っているかのように、ナプキンの着いた渦巻装飾、キャベツのように大きな菊苣萵《キクヂシャ》飾り、不健康な気取り、病気の石に疣《いぼ》ができたと見間違えそうな熱情的装飾といったものに対して、わたくしは抑制しがたい嫌悪を感じる。気に入らないというようなものではなく、嫌でたまらないのである。わたくしにいわせれば、こんなふうに信心の雑貨を吐き気を催すほどに寄せ集めたり、徴税請負人の豪華さのように、美しさや優雅さをともなわない、吐き気のするような豪華さ、まことに聖なるマリアの礼拝堂をオペラ女優の居間のように見せる豪華さほど、キリスト教の思想に反するものはない。――スカルツィ教会はこの種のものであり、常軌を逸した豪華さの典型である。色付きの大理石を象眼された四方の壁は、白と緑の枝葉模様をつけた巨大なランパ織りの壁掛けであり、ティエポレットとラッザリーニのフレスコが描かれた天井は、薔薇色と空色が支配する陽気で軽く明るい色調で、舞踏室か劇場にぴったりだろう(30)。

バロック様式の教会建築は対抗宗教改革運動《カウンター・リフォメーション》の具体的表現という側面があり、イエズス会は対抗宗教改革の中心勢力だった。ローマのイエズス会本部の教会であるジェズー教会もバロック様式で建てられ、他のバロック教会のモデルになった建物である。したがって、バロックの教会建築に対するゴーチエの呼び方「イエズス会趣味」は、的外れではない。

ところで、ヘンリー・ジェイムズがスカルツィ教会を批判した一八九〇年代は、じつは、ぼつぼつバロック様式の再評価が始まった時期である。その少し前に、美術史家ハインリッヒ・ヴェルフリン（Heinrich Wölfflin, 1864-1945）の『ルネサンスとバロック *Renaissance und Barock*』（1888）という本が出て、このなかで初めて「バロック」という言葉が悪罵でなく、純粋に様式を示す言葉として使われたのだった。

ジェイムズ（一八四三年生まれ）よりも若い世代の詩人ヘッセ（一八七七年生まれ）が二〇世紀初頭（一九〇一年）に書いた文章を見ると、スカルツィ教会への判断も、嫌悪から客観的なものに変わりつつある感じがする。

> スカルツィ教会は、豊かさを誇示するような巨大なバロック建築で、ティエポロの軽快な天井フレスコ画があり、徹底して熱情的に飾り立てられ、およそ繊細な装飾というものがないが、豊かさと色彩が印象的である(31)。

ちなみに、ゴーチエとヘッセがふれているティエポロの天井画は、残念ながら、第一次世界大戦の際にオーストリア軍の空襲で破壊されてしまい、今は断片がアカデミア美術館に残っているだけである。

*

サルーテ教会は、ヴェネツィアの町の印象を決定づけている建物のひとつである。大運河というこの町の目抜き通りの入り口のところにあって、運河を行き来するときにも、また、聖マルコ小広場あたりからも、ある意味で否応なく目にはいってしまう建物である。こころみに聖マルコ小広場の南端に立つと、左方には聖ジョルジョ・マッジョーレ教会の直線を組み合わせた古典古代的な正面が見え、右方には円形と半円形とが特徴のサルーテ教会が見える。

聖《サンタ》マリア・デッラ・サルーテ教会は、レデントーレ教会と同様に、ペストの流行と関わる教会である。ヴェネツィアでは、十七世紀前半の一六三〇年にもペストが大流行した。このときも、人口の三分の一近くが失われたという。ペストが広がり始めた数ヶ月後、元老院が、悪疫からの解放を祈願して、聖母マリアに捧げる教会の建築を決定した。「サルーテ」には「健康」と「救い」の両方の意味が込められている。教会の建築は一六三一年に始まり、半世紀後の一六八七年に献堂式がおこなわれた。

元老院の要求は、壮麗で、周囲と違和感のない、あまり金の掛かりすぎないものを、ということだったそうである[32]。建築に際しては設計案のコンペがおこなわれ、その結果選ばれた

サルーテ教会正面

のは、まだ若手のロンゲーナ（Baldassare Longhena, 1598-1682）の案だった。建築を指揮したロンゲーナは完成を見ずして死ぬ。

建物は、八角形を作って、その上にひとまわり小さな八角形の筒を載せ、さらにその上に円屋根を載せるかたちになっている。八角形の部分は、それぞれ一種の正面《ファサード》を形成しているが、そのなかで入り口のある、いちばん重要な正面は、ほぼ真北を向いていて、大運河を船で通るときに、よく見える。教会の足下まで近づいてみると、それぞれの正面も、その上の筒型部分も、飾り柱が多く使われている他に、天使像、聖人像、人面、獅子の面、枝葉装飾といった大理石の装飾が豊富に施されているのがわかる。しかし遠目には、あまり目立たない。ただし、筒形部分の周辺にいくつか配されている、流動感のある渦巻き装飾は、遠目にも目立つ。

教会のなかにはいると、高い円天井が特徴的で、その下に円形の空間がある。そこへ円天井の裾をめぐる大きな窓から、光がたっぷりはいってくる。内部は白い大理石造りだから、全体が明るい。主扉の正面に主祭壇がある。祭壇は白い大理石造りで、複数の白い彫像で飾られ、中央にイコンが嵌《は》められている。祭壇の上方には金色の天蓋がある。

サルーテ教会については、十八世紀のブロスが、こんなぐあいに誉めている。

> 美しい円屋根から光のよくはいる美しい教会。正面入り口に注目、大理石を寄せ木状に敷いてある。主祭壇は、よい彫像で飾られている(33)。

建築開始から数えておよそ百十年後、完成してからおよそ五十年後の評価である。嗜好が持続しているのが感じられる。

興味深いのは、スカルツィ教会のようなバロック様式を嫌悪した人たちの、サルーテ教会への反応である。ラスキンは、こんなふうにいう。

グロテスク・ルネサンス初期の建物のひとつ。位置と、大きさと、全体の釣り合いとによって、強い印象を与える。全体の釣り合いはきわめて良い。建物全体の優雅さは、複数の円屋根の大きさが異なり、その背後に二本の鐘楼がきれいにまとめられているところから生じている。ただし、建築物の釣り合いは、建物の様式や全般的な良さとは全然関係ない、というのが衆目の一致するところである。……サルーテ教会は、さらに、その前面から大運河に下ってゆく美しい階段に助けられている。……この建物の主要な欠点は、円屋根の側面の貧相な窓と、巨大な渦巻き型をしている馬鹿々々しい控え壁まがいのものである。この控え壁は、そもそも偽善的なのだ。なぜなら、ラザーリは、円屋根は材木製であって、控え壁は必要ないと明言しているからである(34)。

バロック嫌いのラスキンとしては、全面的にけなしたいところなのだが、この教会は美点があって、けなしきれない、というような、おもしろい文章である。

ハウエルズも、ラスキンとほぼ同様の反応である。ルネサンス以後の教会建築が嫌いなはずなのに、サルーテ教会は良く感じられて、ハウエルズも、とまどっている。

サルーテは冷たく壮麗な教会で、大運河のいちばんいい部分を支配している。これが他のルネサンス聖堂ほど目に嫌悪を感じさせない理由が何であるのか、わたくしにはよくわからない。だが、一対の鐘楼、どっしりと大きなひとつの円屋根、水際から登ってゆく堂々たる幅の階段、正面の多数の彫像、こういうものを備えたこの教会は、効果がすばらしいのである[35]。

バロック様式――「イエズス会趣味」――を嫌悪したゴーチエも、滞在していたホテルの向かいに見えるサルーテ教会が気に入ってしまった様子である。

> 白い円屋根は、まことに優美な曲線を描き、青空のなかで、乳のいっぱい詰まった乳房のような丸みを見せる。はためくような襞《ひだ》のついた百三十の彫像は、優雅に気取って、軒蛇腹《コルニシュ》に着いている。わたくしがホテル・ヨーロッパに泊まっていると、じつにきれいなエヴァが、建築当時の衣装を身につけて、軒蛇腹から毎朝微笑みかける。そして薔薇色の陽光が、慎み深い赤色で、エヴァの大理石を色づけるのである[36]。

バロック嫌いのこの三人に、なぜサルーテ教会は美点を備えた建物に見えたのだろうか。これは、おもしろい問題である。

ひとつの答は、ラスキン自身の指摘している「位置」だろう。サルーテ教会は、大運河の入り口にある。大運河は、入り口の突端のところで、もう一本の広いジュデッカ運河と合流し、東側の潟へ繋がっている。したがって、サルーテ教会は、大運河から見るにしても、聖マルコ小広場から見るにしても、潟から見るにしても、いつも水の上に建っている姿で見ることになる。さらにこの教会の周囲には、それと良く調和する建物群があり、その背景には空がある。わたくしたちは、サルーテ教会をいつも、そういう全体のなかの中心として見るように思う。しかも、この全体が気候と気象の条件によって変化し、多くの場合、その変化が美しい。

もうひとつの答は、これがローマで盛んだったバロック様式とは一線を画す建物だということだろう。つまり、これはゴーチエのいう「イエズス会趣味」の建物ではない、ということになる。ヒュー・オナー（Hugh Honour）の『ヴェネツィア必携 *The Companion Guide to Venice*』（1965; 1977; 1990; 1997）にたいへん良い指摘があるのだが、サルーテ教会は、円屋根には聖マルコ聖堂のイメージを生かしてあるし、八角の殿堂にその後ろの部分を結びつけるのにはパッラーディオのレデントーレ教会のやり方を応用しているし、八角の殿堂そのものもヴェネト地方ラヴェンナの聖ヴィターレ聖堂(ヴェネト風ビザンツ様式)に遡る。こうしてサルーテ教会は、ローマのバロック様式とは異質のヴェネツィア・バロック様式の始まりになった、というのである（37）。

環境のなかのサルーテ教会

バロック嫌いのラスキン、ハウエルズ、ゴーチエがサルーテ教会を嫌悪できなかった理由は、この建物の置かれた環境の良さと、さらに建物そのものに彼らの好きな特徴(ビザンツ様式)が生かされていた点にあったのではなかったか。

第六章　家

わたくしは長らく正面《ファサード》に気を取られて気付かなかったのだが、ヴェネツィアの建物の大多数は煉瓦造りである。ヴェネツィアの建物は、大理石を飾りとして使う。それは石造建築でなく、いわば石飾建築である。正面が大理石の場合も、側面と背面の壁は煉瓦造りである。壁は上塗りされていることも多いが、上塗りの剥《は》がれているところを見ると、煉瓦を積んであるのがわかる。

もっとも、正面を大理石で飾っているのは、金に糸目を付けなかった建物だけである。ヴェネツィアの館のなかでも、大理石の正面を持っているものは、あまり多くない。その他の多くの館の場合には、正面も、煉瓦を積んで、上塗りを施している。

ヴェネツィアは干潟のような場所に造られた町である。上層の土は軟らかい。だから、その下のしっかりした粘土層までたくさん杭を打ち込んで、その上に建物を建てる。パイル工法である。杭を並べた上に建物を載せるのであるから、建物は軽い方がよいわけである。そのためには、石造りより、煉瓦造りが向いていたのだろう。

一個の煉瓦は、長さ二十センチメートル、幅十センチメートル、厚さ五センチメートルほどだろうか。そういう煉瓦を横向きに一段並べたら、その上の段は、半分ずつ煉瓦の位置をずらして並べてある。また、横向きの次は縦向きというぐあいに、煉瓦の側面と先端が交互に表面に表れるように並べ、その上の段は、側面と先端との並び方の順番が逆になるように積むやりかたもある。この場合には、壁は、煉瓦の長さ分の厚みがあるのだろう。

こうして煉瓦を積んだ壁のところどころに穴が残されて、窓になる。もちろん、正面《ファサード》にも窓がある。窓は縦に長い。そこへ、室内に向けて観音開きになる木製の窓枠を取り付け、窓枠にはガラスを嵌《は》める。ガラス窓の外側には、外に向かって開く雨戸を取り付ける。雨戸は木製で、縦長の二枚の板を蝶番《ちょうつがい》で止めたものが、左右に一組ずつ。

上塗りのはがれた煉瓦壁

わたくしの住むアパートメントのある集合住宅も、こんなふうに造られている建物である。住宅地にある中級水準のアパートメントだが、ガラス窓と雨戸とを閉めた状態でも、近くで鳴く鳥の声がよく聞こえるし、路地向こうの建物の住人の話し声もよく聞こえる。

上下の階や隣のアパートメントの人声や物音もよく聞こえるし、階上や隣で人が歩くと、ずし、ずし、と音が響く。白く塗られているので、はっきりはわからないが、上下の階の仕切は、木の梁をたくさん渡して板を張ったもの、隣のアパートメントとの仕切は板ではないだろうか。アパートメント内部の装飾は、上質の家具・調度品を使った美しく上品なものなのだが、気密性や防音性のない点では、昔、学生のころに住んだ東京下町の下宿屋に近い。

ヴェネツィアの町には、美術館になったりしていて、だれでも内部を見ることのできる館がいくつかあるのだが、それらを見ると、部屋がずっと大きく、天井が高いのを除けば、造りは、わたくしの住むアパートメントと基本的に同じのようである。

この町の館に住んだ文学者たちは、どんな感想を書き残しているだろうか。

グリッティの館

グリッティの館

グリッティの館は、現在は、この町で一流のグリッティ・パレス・ホテルとして使われている建物である。あいにく、わたくしはこのホテルへの滞在経験がないのだが、読者のなかには滞在された方があるかもしれない。

グリッティの館は、大運河の入り口近くの北岸にあって、サルーテ教会から斜め左（四十五度くらい）に見える建物である。四階建て。正面《ファサード》は、横長の、いくぶん色褪せた煉瓦造りである。二階と三階の窓のうち、五つが中央部分に集中している。赤茶色の正面と黄土色の側壁とは、白い石組みで繋いである。屋根は、赤茶色の瓦葺《かわらぶ》きである。グリッティの館は、十五世紀に建てられ、十九世紀に修復されたゴシック様式の建物である。右隣の館が白大理石のルネサンス風の正面を持っているのと比べると、古びて落ち着いた感じがする。このあたりに並ぶ館のなかでも、ひときわ風格のある、良いものだと思う。

＊

ホテルとなったグリッティの館は、作家へミングウェイの小説『川を越えて木立のなかへ *Across the River and into the Trees*』（1950）の舞台として使われた場所である。この小説のなかでは、グリッティ・パレス・ホテルの内部が、つぎのように描写されている。文中の「大佐」が、小説の主人公で、大佐はこのホテルをヴェネツィアでの定宿にしているのである。

大佐は、何もいわずに、ボーイよりも先に、廊下を歩いていった。廊下は大きく、広く、天井が高かった。大運河側の部屋の扉と扉とのあいだの間隔は長く、威厳が感じられた。昔は館だったのだから当然だが、眺めのよくない部屋はなかった。召使い用に作られた部屋は別だが。

歩いたのはわずかな距離だったが、大佐はそれを長く感じた。部屋係りのウェイターが現れた。背が低くて、色が浅黒く、左の眼窩《がんか》にガラスの義眼が光っていて、十分に本心から微笑《ほほえ》むことのできない男である。ウェイターは、鍵穴に大型の鍵を差して動かした。大佐は、扉がもっと早く開けばよい、と思った。

「開けてくれ」

「お開けしますよ、大佐」、とウェイターはいった。「でも、こういう鍵がどんなものかご存知でしょう」

そう、知っている、だが、開けてもらいたいのだ、と大佐は思った。

「君の家族の具合はどうだね」、と大佐はウェイターにいった。ウェイターは、扉を広く開けていた。大佐がはいると、部屋のなかには、丈が高くて、色は黒っぽいが、大きな鏡のついた衣装箪笥《だんす》と、ふたつの立派なベッドと、大きなシャンデリアがあり、閉められたままの窓から、大運河の風に吹かれる水面が見晴らせた。

大運河は、急速に衰えてゆく冬の光のなかで、鋼鉄のような灰色をしていた(1)。

ペンシオーネ・カルチーナ

高い天井、広い廊下、大運河に面した大きな部屋、旧時代風の大型の鍵、古いものらしい大型の衣装箪笥、大きな(たぶんヴェネチアン・グラスの)シャンデリア……というぐあいに、貴族の館だった名残がみられる描写がなされている。

＊

ところで、グリッティの館は、ヘミングウェイのこの小説が出版された百年前にラスキン夫妻の住んだ場所でもある。
評論家ジョン・ラスキン（1819-1900）がヴェネツィアで滞在した場所としては、ザッテレ河岸のペンシオーネ・ラ・カルチーナが良く知られている。カルチーナの壁には、プレートが嵌《は》められ、そこには、「ジョン・ラスキンがこの家に住んだ（一八七七年）。美術の司祭だったラスキンは、わたくしたちの町の石に、聖マルコ聖堂に、イタリアのほとんどすべての建造物に、職人の精神と民衆の魂を探し求めた……」、と記されている。しかし、プレートの一八七七年という年を見てもわかるとおり、カルチーナへ滞在したのは晩年のラスキンである。それにひきかえ、グリッティの館は、ラスキンがヴェネツィアに関する代表作『ヴェネツィアの石』（1851-53）を書いたところである。どういう住居で執筆したのか、興味をひかれる。

グリッティの館は、はじめはヴェネツィア貴族の館として建てられたものだが、ラスキン夫妻がヴェネツィアに滞在した十九世紀半ばには、ヴェツラー男爵夫人という人物の所有になっていた。この女性は、ハンガリー貴族の出身で、オーストリア軍人のヴェツラー男爵の妻となった人である(2)。ラスキン夫妻は、この女性から、館の数間を借りたのである。

ラスキン夫妻は、ここに一八五一年九月から翌年の五月まで暮らした。ふたりが借りたのは、館の二階の東寄りの部分で、良い場所である。

ラスキンの描いた部屋の見取り図が残っているが(3)、それを見ると、部屋の配置は、西から、まずラスキンの書斎、ついで食堂、それから、長さ九メートル強の大きな居間である。以上三つの部屋は大運河に面していた。残りは、寝室、それからジョンの着替え部屋で、このふたつは館の東の小運河に面していた。さらに、一階に、使用人の部屋が三つと台所がついていた。ちなみに、所有者の男爵夫人も、同じ二階に住んでいたという（4）。
この住まいについて、まず、ラスキン夫人の感想を見ることにしよう。ちなみにラスキン夫人のエフィーは、このとき二十三歳、結婚三年目である。間借りをした住まい全体について、夫人は、母親宛の手紙に、こう書いている。

この家は、ほんとうに快適で、静かで、暖かいのです。寒くなれば、絨毯《じゅうたん》を敷いてくれるでしょう。それと石炭の火とを合わせれば、宿屋のときほど、冬の寒さを感じないで済むでしょう（5）。

ふたりの借りた住居は、南向きと東向きの部屋々々で大きな窓が付いていたから、暖かかったはずである。また、南向きの部屋は大運河に面して、向こう岸の建物とは八十メートルほど離れている。十九世紀半ばのこの頃、蒸気船やモーターボートのような動力を使う船はまだ大運河を走っていない。静かだったろうと想像される。
つぎは居間についての感想である。やはり母親に宛てた手紙の一節。

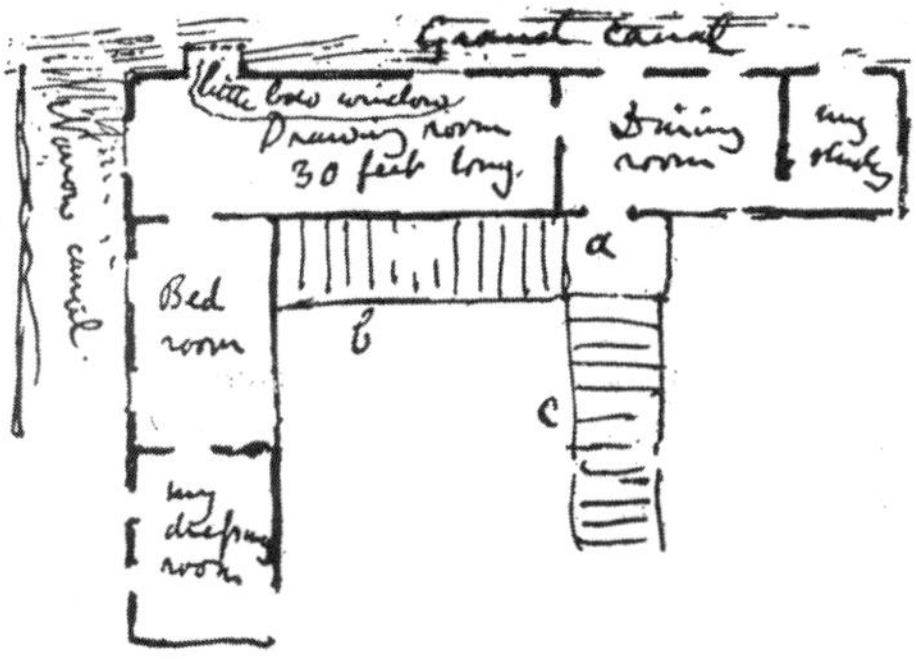

ラスキン夫妻の部屋見取り図
(J.L. Bradley, ed., *Ruskin's Letters from Venice 1851-1852*, p. 20.)

ペンシオーネ・カルチーナのプレート

居間は、美しい大きな部屋で、窓とバルコニーが大運河に面しています。午前中は、暖かで心地よいです(6)。

では、夫ジョン・ラスキンは、この住まいについて、どういっているだろうか。

まず、父親に、住まいが見つかった報告をしている手紙を読んでみよう。ちなみに、ラスキンはこのとき三十二歳だが、経済的には父親に頼っている。

わたしたちは、ヴェツラー男爵夫人のアパートメントを確保しました。ひとつの部屋を手に入れるために大きな争いになったのですが、わたしたちは、どうしても欲しいと主張したのです。それは、わたしが執筆するための部屋です。わたしたちが借りているのは、この部屋と、広間兼食堂のようなもの、美しい居間、二人用の寝室、着替え部屋、召使い用の部屋が三つ、それに台所です。南側が、大運河に面しています。ほぼ正面にサルーテ教会があります。それに二階です。月額、およそ十七ポンドです。他の貸部屋もたくさん見たのですが、すべて、小さすぎるか、運河の不健康な側に面していました。それなのに、月額十から十五ポンドの値段なのです。わたしがほんとうに気に入った唯一のアパートメントは聖マルコ広場から遠く離れていて、一日二十フラン以下では借りられないものでした。これも貸し手は、はじめ三十フランといったのです。わたしたちの借りたこれは、しかし、たいへん良いものです。求めていたものより良いくらいです。難しいのは、採光の良い部屋を手に入れること、しかも立派すぎないものを手に入れることなのです(7)。

借りることのできた部屋々に満足しているけれども、贅沢をしているわけではない、と言い訳をしているような面白い手紙である。

貸間に引っ越した翌朝の、父親に宛てた手紙のなかに、書斎の様子が述べられている。

わたしたちは、昨夜、貸間に引っ越しました。……わたしがいま手紙を書いているときにも、大運河の緑色の水が、じつに快適なわたしの部屋の、金色の大理石造りの手摺《てす》りの隙間から、輝いています。これほど、快適なものはありえません(8)。

ラスキンは、執筆と調査が目的のヴェネツィア滞在に、ふさわしい書斎が見つかって喜んでいるようである。

つぎは、アパートメント全体と、特に居間についてである。

わたしたちは、貸間でひじょうに快適に過ごしています。昨夜、夕食後に、サルーテ教会の背後から赤い月が登ったのは、表現できないほど、嬉しく思えました(9)。

ラスキンも、夫人と同様に、このグリッティの館の貸間が気に入った様子である。ところが、それは、はじめのうちだけのことで、段々そうでもなくなっていったらしい。これまでの手紙は、すべて、引っ越し直後に書かれたものだった。翌年の五月、英国に戻る直前に、夫妻は聖マルコ広場にあったホテルに移るのだが、そのときラスキンの書いた手紙に、こんな一節がある。

わたしたちは、今は新しい家、というよりも複数の部屋、にいます。そして、ヴェネツィアでこれまでよりも幸せに生きられるような、本来のヴェネツィアがまた戻ってきたような、感じを抱いています。……広場を見下ろすのは、じつに心地よいものです(10)。

わたしたちは、聖マルコ広場への滞在をほんとうに楽しんでいます。冬のあいだずっとここに住まなかったことだけを後悔しています。わたしは、大きな部屋よりも小さな部屋の方が好きですし、サルーテ教会に面しているのと、聖マルコ広場に面しているのとでは、大違いです(11)。

「冬のあいだずっとここに住まなかったことだけを後悔しています」……グリッティの館に引っ越した当初とは、ずいぶんな変わり様である。どうしたのだろうか。サルーテ教会はラスキンの好まないバロック建築だったのは確かであるし、小さな部屋の方がいいという好みも、もちろん、あっておかしくはないのだが。

ラスキンがグリッティの館を好まなくなった背景には、夫妻の滞在したヴェネツィアが、秋から翌年の春にかけて、異常に寒くて、風の強い日が多く、ラスキンはヴェネツィアのほぼすべてを嫌いになった、という理由があったようである。その結果、嫌な天気の記憶が染みついている貸間も、嫌になったらしい。

わたしたちは、ちょうどいま、貸間に別れを告げるところです。もっとも、わたしはここの天気にすっかり嫌気が差しているので、もう、どうでもいいのです。これから二週間で聖マルコ聖堂を去ることになるのだけが残念です。わたしは、統領宮殿ですら嫌気が差してしまいました。五十回ばかり、二階の開廊に、五分でいいから留まろうとしたのですが、一度もできなかったのです。ひっきりなしに風が吹いたのです。でも、聖マルコ聖堂は、いつもわたしに親切でした。最悪に荒れた日でも、なかは暖かく、すきま風も底冷えもありませんでした。今では、わたしがヴェネツィアで楽しい連想をするのは、この場所だけです(12)。

ちなみに、ラスキン夫人の方は、おなじ天候を体験したあとで、「ヴェネツィアは天気が良ければほんとうに魅力的ですし、天気が悪くても、幻滅はしません」、と書いている(13)。ふたりの性格の違いもあるだろうが、夫の方は、夫人と違い、寒さのなかで、建築物の実地調査を続けたから、心身に応《こた》えたのも事実だったろう。

ラスキンがグリッティの館を好まなくなっていた理由には、また、館の外からの音はあまり聞こえなくて静かでも、館の内部は静かでなかったことも関係していたのかもしれない。ラスキンは、こんなことも書いているからである。

わたしは家にいて、ヴェネツィア史を読んでいます。ときどき、ひとつかふたつの音で中断されるのですけれども。それは、タルバークの出す音だろうと思います。彼が部屋でピアノを弾くともなく弾いているのですが、彼の部屋とわたしの部屋とは、ごく薄い間仕切りで隔てられているだけなのです(14)。

ちなみに、タルバークというのは、館の持ち主ヴェッラー夫人の庶子で、有名なピアニストだったそうである(15)。

そういう間仕切りの薄い館のなかで、ヴェッラー夫人はにぎやかな舞踏会を催すこともあった(16)。社交好きのラスキン夫人は、そういう催し物を喜んだろうが、研究家肌の夫ジョンは、それに馴染めなかっただろう。

最後に、ヴェネツィアでホテル生活をするのと間借り生活をすることとの違いについて、ラスキンが面白いことを書いているので、紹介しておこう。

間借りをして生活するのは、ホテルに暮らすのとくらべてかなり安上がりなのに、上品だとみなされるのは、いささか奇妙です。エフィーも、いまでは、ヴェネツィアの淑女とみなされています。それまでは、ただの旅行者で、だれも見向きもしなかったのですが(17)。

ファリエルの館、バルバロの館

大運河沿いの館のひとつにファリエルの館と呼ばれている建物がある。この館も、大運河の北岸(正確にいうと、北東岸)にある。アカデミア美術館前の小広場から、大運河を挟んで左前方に、この建物の正面《ファサード》を見ることができる。

ファリエルの館は、右隣の建物が大きいわりに小さいので、見逃しそうになるのだが、よく見ると、面白い工夫のなされた、なかなか魅力的な建物である。全体は四階建てで、正面は三階を除くと他の階は何の変哲もないのだが、それは三階の部分を引き立てるためなのかもしれない。正面の三階は、ほぼ中央あたりに、先端の尖るゴシック・アーチの窓が連続する。面白いのは、その両側に、翼のように開廊風のものが付いていることである。そこには、鉄製の透かし装飾が施され、ガラスが嵌《は》まっている。正面の一階と二階は白い石で覆われ、三階から四階の部分は、赤茶色の上塗りが施されている。建物と開廊風のものの屋根は赤茶色の瓦葺《かわらぶ》きである。一階の中央部分と二階の右端には小さな緑の木々が植えられている。このファリエルの館は十五世紀に建てられ、のちに修復された建物である。

＊

ファリエルの館

この館は、小説家・ジャーナリストのハウエルズ（1837-1920）が、若き日に米国の領事として住んだ場所である。ヴェネツィア領事の職は、ハウエルズがリンカーンのために大統領選挙キャンペーン用の伝記を書いたことがあって、大統領に当選したリンカーンから褒美として与えられたものだった。ハウエルズがヴェネツィア領事だった時期は、ちょうど米国で南北戦争が戦われていたころで、一八六一年から六五年にわたった。ハウエルズは、初めは独身で赴任したのだが、途中で結婚した。新妻と新婚生活を送ったのが、このファリエルの館である。それは、ラスキン夫妻がグリッティの館に暮らした十年後のことだった。

ファリエルの館は、ヴェネツィアの有力貴族ファリエル家の所有していた建物である。ファリエル一族のなかでも、マリーノ・ファリエルは、ヴェネツィア史上、不幸な事件で名高い人物である。マリーノ・ファリエルは統領になったのだが、若い貴族に自分の妻を誹謗《ひぼう》されたばかりか、その貴族への処罰が軽すぎることに立腹した。そこで、この一件で、自分を裏切ったと感じた貴族たちを、報復のため殺害しようと企てたのである。しかし、企ては露見し、国家反逆罪として処刑された。十四世紀半ばに起きた事件である。

マリーノ・ファリエルの生まれた館は、この大運河沿いのファリエルの館ではなく、別のファリエルの館(聖アポストリ小広場)である。しかし、ハウエルズ夫妻が大運河沿いのファリエルの館に間借りをしたころも、そこにはマリーノ・ファリエルの直系の子孫が住んでいた。カトリックの司祭をしていた。ただし、館全部を所有しているのではなく、自分の住むいくつかの部屋と、ハウエルズの真上のアパートメントだけを所有していた。館のその他の部分は、別の人物が所有していたそうである(18)。

以下、ハウエルズが書いたヴェネツィア領事時代の観察記録『ヴェネツィア暮らし』(1866)のなかから、抜き読みをしてみたい。ハウエルズはジャーナリストとしても成功しただけに、観察が客観的かつ綿密で、視野も広い。『ヴェネツィア暮らし』全体が、数あるヴェネツィア滞在記のなかで出色のものだが、住居に関する部分も、面白い記録である。

まず、ヴェネツィアの住宅事情一般についてである。

ヨーロッパ大陸のほとんどすべての場所と同じく、ヴェネツィアでいう「家《ハウス》」は、いくつかの部屋のことを指す。建物のなかのひとつの階全部のこともあれば、一部分だけのこともある。しかし、いずれの場合でも、上の階と下の階からも、同じ階の他の部屋からも、完全に分離されている。どの家にも、街路からはいる固有の出入り口があるか、または共通の玄関ホール脇か、一階から上がる階段脇に固有の出入り口がある。一階には、貯蔵室か倉庫がある。各家の台所は、その家の他の部屋と同じ階にあるのが普通である。別々の家族の孤立性は、(建物全体が個別に所有されているかのごとくに)確保されているのだが、それは、街路の出入り口を占有していることによるか、ヨーロッパ特有の、家での非社交的慣習によっている。共通の玄関ホールや階段で会う人たちにお辞儀をし、「さよなら」をいいはするけれども、その人たちの名前以上のことはめったに知らないし、その人たちについて関心もまったくない。ヨーロッパの社交性、とりわけ南ヨーロッパの社交性は、外で発揮されるもので、家の屋根の下では縮まり、消滅するのである(19)。

わたくしが仮住まいをしているアパートメントには、以前から週に二度、メイドさんが部屋の掃除に通ってきている。住み始めたころに、このメイドさんが「ここは、美しい家《カーザ》ですよ」というのを聞いて、わたくしは自分の認識が混乱するのを感じたことがある。わたくしには、「アパートメント」を借りたという認識はあっても、「家」を借りたという認識がなかったからである。その後、ハウエルズのこの文章を読み直したときに、納得がいった。その他の点でも、ハウエルズの記述はほとんどが今も通用すると思う。

つぎは、ハウエルズ夫妻の住んだファリエルの館についてである。

わたくしたちの借りた家は、大運河に面した古い館の一隅にあった。小さな居間の窓が運河の水を見下ろし、運河の水は居間の、絵画を描いた天井と友達になり、太陽が輝くと、その天井に、金色の震える微笑《ほほえ》みを与えるのだった。食堂は、そこまで運河の水に恵まれていなかったが、いつもサラサラと音を立てる緑色の木々の天辺を見下ろしていた。木々は、ハンカチほどの広さしかない小さな庭から立っているのだった。この窓からはまた、運河の奇妙な、絵のような生活を見ることができた。また、もうひとつの部屋からは、水の上に張り出した小さなテラスへ行くこともできた。わたくしたちは、三階や四階の「貴紳のアパートメント《アッパルタメント・シニョリーレ》」に住んだわけではない。それは、わたくしたちの上にあった。しかし、わたくしたちは、二階に心地よく宿泊していた。ここは、昔は、ふつう、冬用のアパートメントとして使用されたものだった(20)。

記述から判断すると、ハウエルズ夫妻は、ファリエルの館の中二階の部屋々々のうち、大運河に面した東寄りの一角を借りたようである。この館の中二階の部分は、外見はあまり魅力的ではないのだが、なかは心地良さそうである。ハウエルズ夫妻も、住み心地に満足していたらしい。

つぎに、ファリエルの館の他の部分についてである。

二階の部分は細分されていた。一続きの部屋々々も、代々の家主たちの気まぐれによって分割され、まったく館風でなくなっていた。上のふたつの階は、まだ、いくぶん昔の壮大さを留めていたが、時の経過によって、快適度は昔以上に悪くなっていた。わたくしたちは、上の階をうらやましくは思わなかった。わたくしたちの払う値段よりも低い値段で貸されていたからである。とはいえ、わたくしたちは、アーチの付いた、彫刻された窓を欲しがる気持ちを完全に押さえることができず、それらの窓を、運河から、庭の木々の天辺越しに、ときどき眺めるのだった(21)。

ファリエルの館は、多数のアパートメントに分割され、賃貸されていたことがわかる。貴族の一家族の館が転じて、集合住宅化していたわけである。

つぎは、この館の住人についてである。ファリエル家の末裔《まつえい》が住んでいたことは、すでにふれたが、その他の住人がまことに国際的である。

わたくしたちの頭上には、ダルマチア人の一家が住んでいた。わたくしたちの足の下には、フランス婦人が住んでいた。わたくしたちの右手の同じ階には、英国の紳士が住み、彼の下にはフランス人の一家が住み、彼の上には、モデナから亡命してきた侯爵一家が住んでいた。わたくしたちの友人でもありまた(イタリアの家主事情を知らない人たちには、ありえないことだと思えるだろうが)家主でもあった英国人某氏を除いて、わたくしたちは、わたくしたちの家に代表者のいた多数の国民の誰とも、挨拶以上の知り合いにならなかった(22)。

わたくしの住む集合住宅も、二階にある三つのアパートメントのうち、ひとつはフランス人音楽家の一家が住み、もうひとつはドイツ人画家の一家が住む。残りひとつを日本人が借りたのであるから、この階に関するかぎり、国際的であるのは、ハウエルズの家と同様である。ヴェネツィアは、外国人の観光客が多いだけでなく、外国人の住人も多い町である。

ファリエルの館も、内部はあまり静かな場所ではなかったのかもしれない。ハウエルズは、こんなことも書いている。

このダルマチアの人たちには、何度も会いお辞儀をした。わたくしたちは、彼らがわたくしたちの頭上で、騎兵隊の作戦行動のような騒音を伴う運動を、しばしばするのを耳にした。それに、この一家はバルコニーに立つことが多く、わたくしたちのバルコニーを見下ろすので、わたくしたちは、彼らが、フレスコの天井画のなかの人物のように、寸詰まりになっているのを見て楽しむこともあった(23)。

*

米国人画家サージェントの油彩に『ヴェネツィアの室内 *An Interior in Venice*』(1898)と題した絵がある。絵は、室内にいる二組の男女を描いている。部屋は、居間らしい。右側から強い光が射し込んでいる。奥が暗く描かれているので、細部はよく見えないが、天井の高さや、家具やシャンデリアの様子をみると、全体が豪華な内装のようである。前景右側に座っている男女は老夫婦らしい。中景左側の男女は若く、男はテーブルに凭《もた》れ、女は立っている。老いた女性も、若い女性も、贅沢な装いをしているようである。

サージェントのこの絵に描かれているのは、バルバロという館の居間である。手前に座っているのはカーティスという名の米国人夫妻で、後ろの若い男女は、その息子夫妻である。カーティス家は、荒れ果てていたバルバロの館を買い、そこに純ヴェネツィア風の内装を施していた(24)。カーティス家の人

サージェント『ヴェネツィアの室内』
(W. Adelson et al., *Sargent Abroad*, p. 185.)

たちは、特に米国の芸術家や文筆家に宿を提供したり、招待することがあり、サージェントも、この館に宿泊したひとりだった。油彩画『ヴェネツィアの室内』は、宿泊のお礼に描いた絵である。もっとも、老カーティス夫人が、自分の肖像と息子の姿勢が気に入らず、受け取りを拒否したそうである(25)。

バルバロの館も、ファリエルの館とおなじく、大運河の北岸にある。アカデミア橋の川下側のふたつ目の建物である。アカデミア橋の美術館寄りの位置から見ると、バルバロの館は斜め左四十五度くらいのところにある。

バルバロの館は、正面《ファサード》を見ると、五階建てだが、一、二階と、五階は天井が低い。そのかわりに、三階と四階はゆったり高さを取ってある。ヴェネツィアの館の典型的な階の配置である。三、四階の正面は、中央に四つゴシック・アーチの窓があり、そこがテラスになっている。屋根は赤茶色の瓦葺《かわらぶ》きである。正面も側面も、壁は煉瓦を積んだ表面を、象牙色に薄く上塗りしてある。わずかな凹凸が連続しているところに、陽の当たる様子が美しい。この美しい館は、十五世紀に建てられたゴシック様式の建物で、その後、何度か修復されている。

米国生まれの作家ヘンリー・ジェイムズも二度(一八八七年と一九〇七年)、このバルバロの館の客となったことがある。随想「大運河」(1892) のなかに、この館にふれた箇所がある。

幸運にも、古いヴェネツィア家庭の歓待を受け、歴史上の名前のひとつが木霊《こだま》する、絵画の描かれた部屋々々のなかでしばらく生活することになれば、ヴェネツィアという場所の内奥の精神のなかに、すでに最短距離ではいったのである。……あまりひどい目にあっていないような、そしてその質感に圧倒されることのないようなヴェネツィアの館のなかであれば、そこで営まれる、ほとんどの生活は優雅になる。ましてや、教養があり、寛大で現代的な生活ぶりのなかであれば、事前に確立済みの調和が現れる。そういう館のなかで毎日を過ごすと、館の美しさと興味深さとが精神のなかに深く染み通ってくる。館は、さまざまな気分と、時の変化と、神秘的な声と、移り変わる表情とを持っている。持ち主たちが留守のときに、たまたま二十四時間、館を自分だけのものにすることができるなら、たとえば夏の午後に、遊んでいる子供たちの呼び声が、館の後ろの小広場から入ってくるときの、幽霊の出そうな静けさの魅力を忘れることができないだろう。そしてまた、大理石の床を昔の幽霊たちが爪先立ちで歩いているような感じも、忘れることができないだろう。その館では、わたくしたちが今考察している大運河についても、事実上、精髄が与えられる。なぜなら、高いバルコニーの下には、ヴェネツィアそのものが行き来していて、そこから見えるだけの範囲に、大運河のあらゆる特徴が含まれているのである。長い竿と肩で辛抱強く押される、商品を積んだ重い荷船から、大々的にセレナーデを奏でる、浮かぶパビリオンに至るまで、すべてに順番がある。ボートを操り、スペクタクルをまとめる、ヴェネツィア人のみごとな技術を、ゆっくり研究できるのである(26)。

ジェイムズは、館の内側にいて館の特徴を鋭敏に感じとり、館の窓からヴェネツィアを透視している。この由緒ある大きなバルバロの館は、所有者こそ外国人に替わっていたが、ハウエルズの暮らしたファリエルの館と違って、集合住宅化していない館だった。ジェイムズの観察は、そういう本来の独立した館のもつ雰囲気についての貴重な記録だろうと思う。

バルバロの館

ジェイムズは、バルバロの館について、別の随想「二軒の古い家と三人の若い女 Two Old Houses and Three Young Women」(1899) では、こんなことも書いている。

それは背の高い歴史上有名な家だった。そこで、多数の蝋燭《ろうそく》のなかに、大量に記録された過去が瞬《またた》いているのを見ていると、衰微し地位を追われるとはどのようなことかが分かり、今ここにあるものが最後の最後だという考えを、密かに抱いて喜びさえするのだった(27)。

ジェイムズはこの館に、ヴェネツィアの過去の栄光と文化の残り火とを捉えたようである。バルバロの館は、ジェイムズの長編小説『鳩の翼 *The Wings of the Dove*』(1902) の舞台となる館のモデルだろうといわれている。ミリーという名の女性が、ヴェネツィアで友人たちと仮住まいをするレポレッツリの館である。小説のなかの館は、つぎのように描かれている。十月の天気の良い日で、ミリーは、この館のなかに一人でいる。ジェイムズ自身がバルバロの館に一人きりで居たときの体験が反映しているようである。

この朝ほど、ミリーは、所有感を深く感じたことはなかった。南国の夏の暖かさが、まだ高い天井の華やかな部屋々々のなかにあるのを感謝し、喜んだ。館の部屋々々では、硬く冷たい敷石が、長い生涯から生じた光沢に陽光を反射させているし、かき混ぜられた海の水に当たった太陽は、開けた窓をとおして瞬《またた》き、見事な天井に描かれているさまざまな主題と戯れている。天井には、古びてメランコリックな良い色になった紫色と茶色の円形装飾がいくつもある。円形装飾は、浮き出しにされ、リボンで飾られた、古びて赤みがかった金色のメダル、とてもいったものである。いずれも時代が付き、周囲に唐草風の装飾を施され、扇形模様で縁取りされ、金色に塗られていて、刳《く》り出しの、像の付いた大きな窪みに収められている(そこは空気と仲良しである白い智天使たちの巣である)。それらのメダルは、二列目のやや小さな明かり、つまり館の前面にまっすぐ開いているいくつかの窓の助けを借りながら、鑑賞される。ミリー一行の『ベデッカー旅行案内』や写真は目障りでも、この場所が堂々たるアパートメントに見えるのは、ひとえにこれらの窓のおかげだ。ミリーは、この館をもう三週間楽しんでいるけれども、ようやく今こうしていることだけが、効果的な時間の過ごし方であるように思えた(28)。

そして、館は、過去を強く喚起してくるのである。

ダリオの館のプレート

レポレッツリの館は、大きな膝の上にまだその歴史を抱いていた。その歴史は、色塗られた偶像のようでもあり、さまざまな装飾をまわりに垂らされた厳粛な操り人形のようでもあった。いろいろな絵画や遺物を掛けられているこの場所では、ヴェネツィアの豊かな過去と、消しがたい特徴とが現存し、尊敬され、奉仕されている。……この十月の朝、ミリーは、まだ、ぎこちない見習いとしてではあるけれども、過去を崇拝する巫女《みこ》として、これまでになく、ゆっくり、あちらこちらと歩いているのだった(29)。

ダリオの館、ヴェンドラミンの館

グッゲンハイム現代美術館の出入り口から路地に沿って、少し東に向かって歩くと、狭い運河があり、運河沿いに小さな広場がある。この小広場の北側は高さ三メートルばかりの煉瓦塀で、塀越えに緑の木々が茂り、その向こうにゴシックアーチの窓のある館が見える。この塀にはプレートが嵌《は》められていて、こう書かれている。

この古いダリオの館で
フランスの詩人
アンリ・ド・レニエが
一八九九年と一九〇一年に
ヴェネツィア風に生き、執筆した

フランスの詩人レニエ（1864-1936）がこの町をはじめて訪れたのは、わりあい遅く、すでに三十代半ばになっていた。それがプレートにある一八九九年である。初秋の九月、鉄道駅についたときにはすでに夜で、空には美しい月が出ていた。レニエは、駅でヴェネツィアに暮らす友人たちの出迎えを受け、ゴンドラに乗る。そして向かった先が、プレートに名前の出ていたダリオの館である。レニエは、この館に住んでいた友人たちのところへ宿泊したのである。友人たちというのは、ボーム伯爵夫

ダリオの館（正面）

ダリオの館（アルターナが見える）

人とビュルトー夫人という名の女性たちで、当時この二人がダリオの館を所有していた。

ゴンドラは、ダリオの館の正面玄関に着き、レニエは四階の部屋に案内される。英国調の内装を施された部屋で、床には赤く魚が描かれ、開廊に面していた。部屋の下には狭い庭もあり、泉から水の流れる音が聞こえている。

レニエは、まだ眠くなかったので、踊り場に小さな階段があったのを思い出し、登ってゆく。随想集『屋上テラス《アルターナ》』（1928）の美しい一節である。

わたくしは眠くなかった。部屋にはいるときに、踊り場のところで、最初の数段があるのに気付いたあの小さな階段は、いったいどこに通じているのだろう。おそらくは屋根裏部屋か。試してみよう。階段を登り終わると門があったが、門には掛け金が掛かっているだけだった。わたくしはそれを開いた。すると、わたくしは屋外の木製の台の上にいた。台は、手で捕まる高さに手摺りを付けてあった。このテラス、この見晴台《みはらしだい》は、館の屋根の上に設置してあった。そこからは、館の傾斜している古い屋根瓦を見渡すことができた。そして、わたくしは高い煙突の側にいた。煙突の一本は指ぬきのかたちになっており、もう一本は先端が漏斗《ろうと》のかたちになっていた。そのほかに、何が見えただろう。大運河の輝く一隅と、教会の丸いドームと、他のいくつもの屋根と煙突である。それらがみな、月のまばゆい光を浴び、深い静けさに包まれていた。しかし、わたくしは、その静けさのなかに、存在感のある、遠くからの、重い律動のような、つぶやきを聞き取った。わたくしは、のちに、このつぶやきのような音が、リド島の岸辺に海の波がうち寄せる音だと知るのだが、この夜のわたくしには、眠っている魔女の呼吸、彼女の美しさの発する生々しい溜息のように思えた。その夜、一八九九年九月のその美しい夜、わたくしに分かっていたのは、たった一つのことだけである。静けさと、月の光と、館と、まだ「アルターナ」という名を知らなかった、空中のテラス——それらすべてがヴェネツィアであり、わたくしは幸せだったのである(30)。

ダリオの館の正面玄関は、大運河の入り口に近い南岸にある。対岸のグリッティ・パレス・ホテル脇からだと、斜め右四十五度くらいのところに正面《ファサード》が見える。

ダリオの館は、大運河沿いの館のなかでは小さな部類に属するが、個性的な建物である。正面を見ると、四階建てで、二階、三階、四階のそれぞれに、左端から中央にかけて半円アーチの窓が四つ、そして右端にも同形の窓がひとつある。窓の無い部分には、黄色味を帯びた白大理石を張り、メダル状の装飾を施している。メダルは、白い石の枠のなかに赤ワイン色か緑色の石を嵌《は》めこんだものである。

さらに、窓のアーチの側にも、窓の下側にも、小型のメダルがあしらわれている。ダリオの館は、小さめの正面全体を過剰なほどのメダルで飾った建物である。

館の屋根は、赤茶色の瓦葺《かわらぶ》きで、その上に煙突が十本近く立っている。屋根の中央から奥に寄ったあたりに、レニエの登った屋上テラス、アルターナが今も設置されている。

この館は、正面に歪んで垂れ下がっている部分があるし、前後方向も中央あたりが垂れ下がっている。これは、十五世紀末に建てられた建物で、初期のヴェネツィア風ルネサンス様式を、今もよく留めている。

レニエは、この館について一編の詩を残している。「町の守護霊へ Urbis genio」と題され、ダリオの館と、それを建てた人物ダリオの寸描になっている。

町の守護霊へ

「ヨハネス・ダリウス、町の守護霊に捧ぐ」

(ダリオの館の奉納碑銘)

ヴェネツィアは、君を

町の高名な息子たちの栄光が輝く「黄金の書」

に書き込んだわけではないけれども

ダリオよ、君の東方風の名は、いつでも

豪奢な宝物の残響のなかに、響く

というのも、エーゲ海のどこかの港か
スラヴォニアの海辺で生まれた
金持ちの外国人である君が
盾形紋章の無いこの館を建て
大運河は館を今も誇りにしているのだから

館のおかげで、君は生き続けた
というのも、館の白い正面は
傾いている大理石のなかの
つややかに輝く円盤のなかに
赤ワイン色の斑岩と緑の蛇紋石とを見せて

ラテン語の碑銘を今も読むことができるが
それによれば、君は、館の海の戸口を
海の町の、揺れ動く守護霊に捧げたのだ(31)

ダリオの館は、俗に所有すると非業の死を遂げるといわれている建物だが、レニエはここでヴェネツィアと幸福な出会いをし、それが後の豊かなヴェネツィア体験の出発点となった。その場所に記念プレートが設置されているのも、もっともなことである。しかし、レニエは、ダリオとは別の館に住

カルミニのヴェンドラミンの館

カルミニ教会

フォスカリーニの館

んだこともあって、そこでの体験が、ダリオの館の場合とは異質の文学作品に結実している。ちなみに、そちらの館には、プレートは付けられていない。

＊

指折りの観光地であるヴェネツィアでも、観光客があまり訪れない地区はたくさんある。地元の子供たちの遊んでいる姿の目に付く聖マルゲリータ小広場から、すこし西に歩くと、カルミニ教会がある。ひっそりと立つ、地味な教会である。西北を向いたその正面《ファサード》前に、小さな広場がある。広場の前には小運河が流れていて、その運河越しに大きな館が見える。これはフォスカリーニの館と呼ばれる建物である。かつてはこの町でも有数の豪華な建物のひとつだったが、今は荒れ果てている。レニエが住んだのは、このフォスカリーニの館の右隣の建物である。カルミニのヴェンドラミンの館という名だそうである。

カルミニのヴェンドラミンの館も、フォスカリーニの館同様に荒れ果てた建物である。正面《ファサード》を見ると、左端は四階建てで、フォスカリーニの館と同じ高さだが、途中から三階建てになっている。その点が変わっているほかには、外観はこれといった特徴がない。うっかりすると見逃しそうな建物である。レニエが住んだのは、この館の中二階である。灰色に上塗りをした正面に、窓が横に六つ並んでいる。わたくしが通りかかるときには、窓の雨戸がいつも閉まっている。

ヴェンドラミンの館は、レニエが間借りをしたころも、今と同様、荒廃していた。随筆『屋上テラス《アルターナ》』のなかの描写を読んでみよう。中庭から、館にはいったあたりの様子である。

入り口は陰気である。階段もまた同様である。石の階段を二十登ると踊り場に出る。そこから、薄暗い玄関広間にはいる。しかし、そこには古代ローマ風のメダルがあり、メダルのなかには、兜《かぶと》を被ったり月桂冠を被った人物たちが描かれている。メダルは、黄色や薔薇色の漆喰の組み合わせ模様で囲まれている。これらの漆喰飾りは、ずいぶんひどい状態になり、形が不明瞭になっている。この玄関広間は、長くて、じめじめした廊下に続いている。廊下を歩いてゆくと、ひとつの部屋に行き着く。部屋のふたつの窓は、土手路《フォンダメンタ》を見下ろしている。……部屋は、すっかり老朽化した様子を見せている。壁に貼られた紙には、長い裂け目がいくつも出来て、ずたずたに垂れ下がっている。しかし、天井は、漆喰装飾で飾られている。そして、美しい大理石造りのマントルピースが、広い炉を囲み、その上に載っている(32)。

この館は荒廃がひどく、この部屋の他にふたつの部屋しか使えない状態だったのだが、つぎは、その最後の部屋の様子である。

このふたつ目の部屋と、つぎの部屋とを隔てている、木目の目立つ高い扉を押すとき、わたくしは、いつも、待ち受けている驚き、慣れても減じることのない驚きに身構える。毎回、わたくしは、神秘的な過去の中心にはいってゆくような、不思議な夢想の場にはいってゆくような気がするのである。わたくしたちは、これを「金泥《きんでい》の部屋」と呼んでいる。その理由は、部屋の高貴で哀れな壮麗さが発散する、時代遅れの豪華さからである。部屋は四角いかたちをしていて、ふたつの窓から、小運河《リオ》越しに陽光を受け取る。ふたつの窓のあいだには、マントルピースが立っている。マントルピースの棚板には格子にはいった鏡が載せられている。古くて、贅沢だが、今では金の光沢を失ってしまった、このロカイユ様式の格子は、ピラミッド形に尖っていて、そこには弓を持ったキューピッドが彫られている。この部屋の壁は、琥珀色に変じて、いわば蜂蜜のような色合いになった黄色の——じつに柔らかな黄色の——塗り仕上げで覆われている。大きさは様々の鏡板には、白い縁取りが施されている。鏡板のうちの大きな三枚は、それぞれ中央に陶製の船が付いていて、その下にもふたつ小さな陶製の船が伴っている。ふたつの船の下にはガラスの柄が固定されていて、そこが蝋燭《ろうそく》受けの役目をするのである(33)。

魅力的だが、荒れ果てているこのヴェンドラミンの館の中二階を借りるのは、いささか無謀な行為だった。しかし、ヴェネツィアを愛していたレニエは、無謀と知りつつ、一年間借りることにした。一九一三年秋のことである。そして、人を雇って掃除をさせ、ほとんど家具のなかった部屋々々にも、骨董屋からロココ調の家具を借りて、備え付けた。けっきょくレニエがそこに住んだのは、十月と十一月の二ヶ月間だけだったようだが、よい思い出になったらしい。

それればかりではない。この中二階での体験と夢想が、幻想小説の傑作『会見 *L'Entrevue*』(1919)を生むのである。

この小説は、人生の途上で大きな危機を体験したらしい人物が、安らぎを求めて、愛する町ヴェネツィアを訪れ、そこで経験する不思議な出来事を語る。この主人公は、初めから吸引力を感じた古い館の中二階を借りて住まう。主人公は、館を出ると原因不明の不安を感じるので、しだいに、館に閉じこもりがちになる。主人公には、中二階の部屋のなかでも特に気に入った一室があり、寝るとき以外は、そこをほとんど離れない。その部屋には、大きな鏡の付いた飾り扉がある。小説は、この鏡を隔てながら、鏡の向こう側の、かつての館の持ち主である死者と、鏡のこちら側の生者である主人公との奇妙な交流を語るのである。

レニエがこの幻想小説『会見』の舞台とした館は、実際に生活したヴェンドラミンの館から想を得たものである。小説のなかの館は、名をアルティネンゴの館と変えてある。場所は、実際のヴェンドラミンの館があるのと同じフォスカリーニ土手路《フォンダメンタ・フォスカリーニ》である。小説の館の外観は、実物よりも豪華だったように変更してある。過去の華麗さと現在の落魄《らくはく》ぶりとを対照させたかったのだろう。

フォスカリーニ土手路

ふたつの建物だけが他から抜きんでていて、見るからに、古い館が、昔の栄光から落ちぶれて、間借りをさせる建物になっているのだとわかった。ふたつのうちの一つはフォスカリーニの館で、ここの土手路《フォンダメンタ》の名の由来となった建物である。もうひとつはアルティネンゴの館で、フォスカリーニの館よりも少し小さいが、同様に荒廃していた。アルティネンゴの館は、十八世紀に建てられたもので、中二階《メッザニーノ》の上に、さらに三つの階が載っていた。正面は、灰色がかった上塗りを施されているのが、ところどころ剥《は》がれ落ちていた。しかし、建物の美しい線と、膨らんだバルコニーのついている窓の調和は、かつてこの建物がどのようなものだったかを明らかにしていた(34)。

小説中のアルティネンゴの館の外観については脚色があるのだが、館の周囲の描写は実際のとおりだろうと思う。

とつぜん、わたくしは、歪んで、ぐらついているこの館に、説明不可能な吸引力を感じたのだが、それでも、なぜかを考えてみようとした。この崩壊しかけて陰鬱なアルティネンゴの館は、同時に高貴でもあり、みすぼらしくもある。それに、このあたりは、何と静かなことか。カルミニ教会前の広場に人影はない。橋の上にも、誰一人いない。小運河には、二艘の大きな空船が舫《もや》ってあって、鎖に繋がれて静かに軋《きし》んでいる。翡翠《ひすい》色をした水のなかには、野菜の葉が浮かんでいる。こういったすべてに、何か、しがない感じを伴う神秘性があって、それが、腐った基礎杭の上で今にもぐらつきそうな様子の、落魄《らくはく》したこの古い館にふさわしい環境なのだ(35)。

フォスカリーニ土手路の前を流れる小運河は、現在は、ときどきエンジン付きの荷船が通るが、それも間隔はまばらである。カルミニ教会前の小広場やフォスカリーニ土手路は、今でも、人通りの稀な場所である。小説は十九世紀末という設定であるから、今よりもさらに静かで寂れた感じのする場所を想像してよいだろう。

次に、事件が展開することになる部屋の描写である。

それは一種の客間だった。ほぼ真四角の部屋で、窓がふたつあった。そのふたつの窓のあいだには、黄色い大理石のマントルピースが立っていて、その上には、金塗りの渦巻装飾のついた鏡が載っていた。大理石と古びた金塗りとの色調は、壁の色が加わって、完結していた。その壁は、蜂蜜のような琥珀色に変色した、快い黄色に塗られ、この甘美で柔らかな色合いの背景から、シンメトリカルなアラベスク模様が、白い漆喰の刳《く》り形となって分離していた。このアラベスク模様は、みごとな意匠と奇想とを見せつつ、複数の大きな白い陶製の鏡板を、三方から縁取っていた。鏡板には、金色と黒色とで、中国風の場面が描かれていた。それぞれの絵の左右には、同様の漆喰の枠にはいった小さな絵があった。天井は、同様の中国風装飾が連続し、鳥と花と昆虫のフレスコ画で完結していた。床は、そこここに螺鈿《らでん》が嵌《は》めこまれていた。客間の一隅では、黄色い大理石の枠にはいって立っている背の高い鏡が、豪華で風変わりな奇想のすべてを、意外で魅力的な神秘性のままに、映し出していた(36)。

室内の様子は、現実のヴェンドラミンの館の部屋に脚色を加えられて、奇想性と神秘性とを増しているようである。

主人公は、夜の明かりに照らし出されるときの、この客間の雰囲気をとりわけ愛している。

たしかに、わたくしは、高貴で魅力的な漆喰装飾のなかに、自然の光が戯れるのを愛していたが、それよりも、夜の気まぐれな変化をもっと好んでいた。陶製の鏡板の中国風の場面の、皇女や官吏や輿《こし》や寺院や鳥や花が、そのとき、奇妙な魅力を十全に獲得するのだった。古びた金塗りが命を得、部屋全体が、神秘的で豪華な雰囲気に満たされた。床のモザイクのなかでは、螺鈿《らでん》が、やわらかなマリンブルーの燐光を発した。暖炉の炎が、蝋燭《ろうそく》の炎に加わる。わたくしは、それらの炎の動くのを、注意深く、飽くことのない好奇心を持って、追い続けるのだった。しかし、こういう凝視に喜びを感じても、まもなく、わたくしの視線が向かうのは、鏡の嵌まった背の高い扉だった(37)。

語り手の視線が向かう扉というのは、出入り口としては使われない飾り扉である。この扉には、大理石の枠にはいった鏡がついている。鏡は、古びて、深い湖のような、地の底のような様子をしていて、そこには、ものが、黄昏時の朦朧《もうろう》とした感じ、遠い神秘的な感じに映しだされるのである。ある夜、この客間の飾り扉に不思議なことが起こる。主人公は、夜、この客間で、まどろんでいたのだが、蝋燭の一本が消えかかっている音で目を覚まし、蝋燭立てのガラスの受け口が割れるといけないと思って、消しに行く。そのときである。

壁灯は、飾り扉のすぐ右側にあった。一歩踏み出したとたんに、わたくしは、何かがいつもと違うという印象を持った。なるほど、目の前には、漆喰塗りの客間が映し出されていた。わたくしには、鏡板と壁灯とマントルピースと家具とが見えていた。しかし、わたくし自身の姿が見えない。鏡は、周囲のすべてのものを、遠くのものであるかのようにではあっても、正確にわたくしに見せていたが、わたくしの姿を映していないのだった……(38)。

わたくしの住むアパートメントの居間にも、古い大きな鏡がある。全体に透明度を失い、灰色の染みに覆われた鏡だが、さいわいにわたくしの姿はまだ映し出されている。

第七章　カフェと食事

行きつけのカフェのひとつ

わたくしは、昼食は、アパートメント近くのカフェで軽く済ませることにしている。その日の気分で、三軒のカフェのどれかにすることが多い。ひとつは聖ステファノ小広場にあり、ひとつはザッテレ河岸にあり、ひとつは聖バルナバ小広場にある。

第一のカフェは、リアルトとアカデミアとを結ぶ幹線ルートが、聖マルコ広場から西に向かう幹線ルートとぶつかる小広場にあるので、大きなカフェだが、いつも繁盛している。室内にテーブルが二十ほど、それにすこし暖かくなると、さらに戸外にもテーブルが三十ほど置かれる。客席では、英語、米語、フランス語、ドイツ語、イタリア語が飛び交っている。椅子に座っている客層はもっぱら観光客である。イタリア人の客も多いが、地元のヴェネツィア人は椅子には座らず、カウンターで飲み物を注文し、それを飲みながら、立ったまま、客同士か店の人たちとしばらく話して立ち去る場合がほとんどのようである。

第二のカフェは、ザッテレ河岸にある。河岸の飲食店のなかでは東の外れにあり、静かな店である。室内にテーブルが十ほど、河岸に張り出したテラスにもテーブルが十ほどしかない小規模な店である。このカフェも、客層はもっぱら観光客のようである。この店では、立ち飲みをする客はほとんどいない。

第三のカフェは、アカデミアと鉄道駅とを結ぶ幹線ルートにある。小広場の一角の室内にテーブルが三つ、戸外にテーブルが一ダースほどの小規模な店である。提供する飲食物の値段はこれまでの二軒よりもかなり安い。この店では、観光客も座って飲食をするが、地元のヴェネツィア人も座って飲食しているのを見かける。近くにヴェネツィア大学のいくつかの学部があるせいか、大学生の利用も少なくないようである。カウンターで立ち飲みをしているのは、ほとんどが地元の常連客のようである。

さらに、この小広場に近い聖マルゲリータ小広場まで足を伸ばすと、その周囲のカフェは、地元客の利用度がさらに増す様子である。

ヴェネツィアのカフェは、立地と価格とによって、観光客と地元客との混合率が変わる。カフェでは、アルコール飲料も非アルコール飲料も飲めるし、サンドイッチやパスタ類の軽食も取れる場合が多いようである。

わたくしは、単身赴任をしているのと、いくぶん食い道楽の傾向とがあるので、夕食は、ほぼ例外なく、どこかの料理屋で食べる。いうまでもなく、高級店に行くわけではない。値段が中程度から中の下程度の範囲の料理屋で、好みの料理を出す店を選別する。この町の料理屋は、何度か通うと、いつでも、さっとテーブルを用意してくれるようになるし、食前酒・食後酒を無料で供してくれて、最後の勘定も割引、というぐあいで、なかなか客扱いがよい。

料理は、食材に海産物が豊富で、調理が脂っこくないので、わたくしには体質に合う。かつて、この町の料理屋で、はじめてシャコに出会ったときには、すくなからず感動したものである。アドリア海産とのことである。それにアンチョビ。わたくしは、この町で食べるまで、アンチョビは黒いものだと思っていた。じつは、コハダや、わたくしの郷里で珍重するママカリを細身にしたような小魚で、味も似ている。その他、小蛸や小海老など、時々の新鮮な魚類を軽く湯がいて、ワイン酢とオリーブ油とを合わせたものに浸して供する「魚類の前菜」は、良い料理屋で食べれば、絶品であると思う。また、マグロの薄切りの場合が多いが、その他スズキやメカジキの薄切りなどを、ルッコラの上に広げて、レモン酢とオリーブ油とを掛けて食べる「魚のカルパッチョ」も美味である。この町の料理屋の出すリゾットも、海産物の出汁《だし》と粉チーズとのバランスが絶妙な旨い料理だが、これはあいにく二人前からの注文なので、なかなか食する機会がない。

行きつけの料理屋のひとつ（内部）

料理屋を地元の人たちが利用することは多くないようである。わたくしの知っている範囲で例外的に地元の常連客が多いのは、聖ザッカリーア教会に近い小運河の袂《たもと》の料理屋である。ただし、常連たちは、入口のカウンターで、さまざまな前菜を盛ってある大皿のなかから、ほんの少しのつまみと、グラス一杯のワインとを注文して、立ったまま、常連同士や店の人たちと賑やかに半時間ほど喋って立ち去ってゆく。この店でも、椅子に座って、給仕されて食事をするのは、もっぱら観光客である。

カフェ・フロリアン

ヴェネツィアで大きく「カフェ」と分類できそうな店の名前は三種類ほどある。まず、そのものずばりのカフェがある。そのほかにバールとジェラテリーア。カフェとバールは、どちらもアルコール飲料と非アルコール飲料とを置き、軽食もできる場合がほとんどのようである。カフェと名前の付いている方が少し高級店なのかもしれないが、区別はよく分からない。ジェラテリーアは、名前を見ると（ジェラートを販売する）アイスクリーム屋だが、ここも、アルコール飲料と非アルコール飲料とを置いている場合が多いようである。三通りの名前の店のどこでもコーヒーは飲める。そして、三通りの店のたいていどこでも、立ち飲み・立ち食いにすれば安く、椅子に座って給仕を受ければ途端に高くなる。

ヴェネツィアにカフェは、すこぶる多い。九十以上ある小広場《カンポ》には、ほぼ例外なくカフェがあるし、そのなかでも大きめの小広場には複数のカフェがある。たとえば、聖ステファノ小広場には四つのカフェがある。繁華な街路にも、たいてい数十メートル歩くごとに一、二軒のカフェがある。

ヴェネツィアの広場のなかでいちばん大きな聖マルコ広場にもカフェは多い。聖マルコ広場そのものに六軒、聖マルコ小広場《ピアツェッタ》に二軒。そのなかでもいちばん注目すべきは、カフェ・フロリアンである。ヴェネツィアという町の一面、いわば貴族的側面を代表する存在だからである。しかし、カフェ・フロリアンについて述べる前に、ヴェネツィアがコーヒーと関わった歴史に軽くふれておこう。

*

コーヒーは、アラビアからヨーロッパへ伝播《でんぱ》した飲み物である。ヨーロッパのどこに初めて伝わったのかについては諸説があるようだが、ヴェネツィアでは、ヴェネツィアに最初に伝わったといっている。この町は昔、アラビアを支配していたトルコとの関係が緊密だったから、この説にも信憑性《しんぴょうせい》はある。コーヒーを客に飲ませるカフェが出来たのも、ヴェネツィアはヨーロッパのなかで早い部類のようである。

十六世紀、一五八〇年代に、ヴェネツィアの外交官は、カイロやイスタンブールで「カフエ」とか「カヴェ」と呼ばれる豆を使った飲み物が好んで飲まれている、との報告をもたらしていた。ヴェネツィアに実際にコーヒー豆がはじめて輸入されたのは、十七世紀前半の一六三八年だったろうといわれる。輸入先はエジプトのカイロからだった。こののち、十八世紀にかけて、ヴェネツィアは、コーヒー豆の国際取引の中心市場になる(1)。

ヴェネツィアにはじめてコーヒーを飲ませる店「カフェ」が出来たのは、十七世紀後半の一六八三年のことだった。コーヒー豆の輸入が始まってから「カフェ」が出来るまでに数十年の間隔があいているのは、ヴェネツィア当局が、コーヒーの害を懸念したためだった。懸念のひとつは、コーヒーを飲むと男たちが同性愛になる危険があるということで、またひとつの懸念は、政府批判の言論が活発になることだったそうである(2)。

十八世紀になると、ヴェネツィアは平和に恵まれた。ヴェネツィア人は、海外へ戦争に出かけてゆかず、町のなかで時間を過ごすことが多くなった。それに、この町は、一般に自宅の内部と周囲が狭苦しい。そういう社会環境のなかで、カフェの需要が増してゆく。人々は、仕事の相談にも、新聞を読むのにも、手紙を書くのにも、芝居や本や町の出来事について話すのにも、逢い引きをするのにも、カフェを利用するようになった。十八世紀後半、一七六一年の記録では、聖マルコ広場と小広場の周囲に三十四軒のカフェーがあり、一七八一年の記録では、この町全体で三百十一軒のカフェがあったという。暖かくなると、当時のカフェも今と同じで、屋外にテーブルと椅子とを持ち出した。そうなると、聖マルコ広場と小広場は、全体が大規模なカフェに変貌した(3)。

＊

十八世紀末葉(一七八五年)にヴェネツィアを訪れた英国人ピオッツィ夫人が、コーヒーの流行ぶりについて、こういう観察を残している。『フランス、イタリア、ドイツ旅行の観察と省察』(1789)の一節である。

ヴェネツィアはトルコに近接しているので、風習もいくぶん似通《にかよ》ることになりました。トルコ流に染まったと考えなければ、この町の人々が、老若、貧富を問わず、これほど大量のコーヒーを飲んでいることが説明できません。わたくし自身、今日はもう七杯も飲みました。こんなひどい飲み方をしていると、わたくしたちのなかに死人が出るのではないかと心配です。アドリア海の対岸では、阿片を吸ってコーヒーの影響を中和します。しかし、ヴェネツィア人たちときたら、生きてゆくのに睡眠が必要だと考えてはいないようです。誰かがいつでも活動していて、二十四時間のうち、町が完全に静かになる時間はないのです(4)。

当時のヴェネツィアは、現在の東京と同じ不眠の都市で、その不眠の活動の秘訣はコーヒーだったようである。

同じ頃(一七八〇年)ヴェネツィアを訪れた文人ベックフォードも、コーヒーの流行に眼を留めているが、コーヒーを愛飲するヴェネツィア貴族たちへの見方が厳しい。

彼らヴェネツィア貴族の神経は、病気と青年期からの放蕩とにより弛緩《しかん》していて、生き生きと精気が流れることがない。せいぜい、瞬間的に、見かけだけ熱狂的な活動が出来るにすぎない。休息が近づくと、コーヒーをむやみに使って追い払うのだが、その結果、身体は弱り、活発な娯楽をする気がなくなる。しかも、ゴンドラで場所から場所へ簡単に運んでもらえるので、怠惰がすくなからず増す。……彼らは他の人たちより睡眠を減らしているのではなくて、むしろ生涯をとおして、うたた寝しているのだ、とわたくしは想像してしまう(5)。

＊

さて、カフェ・フロリアンだが、このカフェは、聖マルコ広場の南側、新財務官邸《プロクラティーエ・ヌオヴェ》一階の拱廊《アーケード》の奥にある。店の間口は、拱廊アーチ六個分。店の内部は、十畳ほどの小部屋に分かれている。小部屋は合計十二室あるそうである。小部屋は、それぞれ色や内装が異なるようである。わたくしの知っている小部屋は、いずれも古びた、まろやかな内装である。たとえば、金塗りの剥《は》げた木製の柱と桟《さん》、くすんだ赤いビロードの椅子とカーテン、色柔らかな大理石のテーブル、というように。壁と天井では、人物画が淡く古びている。

すこし暖かくなると、これらの小部屋のほかに、拱廊にも、また拱廊前の広場にもテーブルと椅子が並べられ、そこも店に変貌する。

カフェ・フロリアンは、広場の向かいのカフェ・クワドリと並ぶ、高級カフェである。飲食物の値段が、ふつうのカフェに座って飲食する場合の二倍に近い。しかし、それだけ支払う価値はある店である。

室内は快適であるし、椅子も座り心地が良いし、飲み物・食べ物も旨いし、ウェイターのサービスも良い。しかし、この店の価値はそれだけではないし、それがほんとうの価値でもない。この店の真の価値は古いことである。

フロリアンの創業は十八世紀初頭の一七二〇年。現存のヨーロッパのカフェのなかではもっとも古い。店の内装は、十九世紀半ばの一八五八年に改装されたものが今も使われている。わたくしたちは、このカフェでコーヒーを飲むとき、二百八十年の歴史を背景とし、百四十年前の環境のなかに居るのである。

貴族は、豊かさと古さという二つの特質が相伴っている存在である。貴族が没落すると、古さと、か

カフェ・フロリアン（内部）

カフェ・フロリアン

って豊かだったという記憶とが残る。没落貴族である。現在のヴェネツィアという町は、いわば没落貴族である。ヴェネツィアは、上昇期と最盛期の貪欲な商業活動によって蓄積した富で、贅沢で華麗な町並みを造り貴族化し、やがて没落した。今のこの町にとっては、町の古さと、没落後に残った贅沢で華麗な建物とが誇りであり、財産である。そして、ちょうど没落した貴族が、自分の邸宅と庭園とを、訪れる人たちに見せて生活するように、この町は生活している。

カフェ・フロリアンはいわばカフェの貴族である。店が、豪華・華麗であるばかりでなく、古びている。この店は、提供する飲食物以上に、古びた豪華・華麗さを外来の客たちに味わわせて、営業している。ヴェネツィアの町とこのカフェとは、精神と雰囲気が見事に通い合っている。ここは、ヴェネツィアを象徴しているカフェといってよいだろう。

ラロシュ（Robert de Laroche）の好著『カ

フェ・フロリアン――ヴェネツィアの精髄 *Café Florian : L'esprit de Venise*』(2000) によりながら、このカフェの歴史を簡単に辿っておこう。カフェ・フロリアンを創始したのは、フロリアーノ・フランチェスコーニという人である。店のほんとうの名は「アッラ・ヴェネツィア・トリオンファンテ (勝利のヴェネツィアを讃えて)」といったのだが、常連は「フロリアン」の店、と呼び慣わした。「フロリアーノ」が「フロリアン」とつづまったのは、ヴェネツィア方言の発音癖である。店名が正式に「フロリアン」に変更されたのは、一七九七年のことである。ヴェネツィア共和国が倒れ、町が外国の支配下に入り、「勝利のヴェネツィアを讃えて」という店名ではふさわしくなくなったからである(6)。

創業当時からフロリアンの場所は、今と同じ、新財務官邸の一階だった。一七二〇年に店開きしたときは小部屋がわずかに二室だったが、三十年後に二室を加えた(7)。

十八世紀のフロリアンは、劇作家のゴルドーニやカルロ・ゴッツィが常連だったし、思想家ルソーも、ヴェネツィア駐在フランス大使の秘書をしていたときに出入りした店である。フロリアンは、この世紀の終わり頃には、広くヨーロッパで名前を知られる店になっていた(8)。

ヴェネツィア最初の新聞もここで生まれた。新聞は名を『ガゼッタ・ヴェネタ』といって、一七六〇年の創刊である。創刊者は名をガスパーロ・ゴッツィといい、劇作家カルロ・ゴッツィの兄である。ガスパーロも弟同様、フロリアンの常連で、この店に入り浸っては、他の客たちと四方山《よもやま》話に興じていた。そういう会話から、ガスパーロは、町の大小の事件を報じる新聞を出すことを思いついたのである。『ガゼッタ・ヴェネタ』が創刊されると、フロリアンは、この新聞の販売所も兼ねた(9)。

十九世紀のフロリアンは、評判も高まり、営業も好調で、一八〇二年に四部屋を加え、一八〇八年には、さらに四部屋を加えた。一八五八年には内装を一変した。このときに改められた内装が、今わたくしたちの眼にしているものである(10)。
フロリアンの奥の小部屋は、まだヴェネツィア共和国が存在していたころには、ヴェネツィア貴族たちの屯《たむろ》する場所だった。十九世紀の前半になると、そこには反オーストリア＝愛国派のヴェネツィア人たちが屯した。これは、やがて、一八四八年の蜂起を指導して、オーストリア軍を追い出し、一年四ヶ月にわたって独立政府を営む人たちである。この独立時代、フロリアンは愛国派の集う場所だった(11)。
十九世紀以後、フロリアンには、ヨーロッパの多くの高名な文学者が出入りした。スタール夫人、コンスタン、シャトーブリアン、スタンダール、バイロン、シェリー、サンド、ミュッセ、ディケンズ、ゴーチエ、デュマ、バルザック、ゴンクール兄弟、テーヌ、ジェイムズ、ワイルド、レニエ、プルースト、ダヌンツィオ、ボルヘス、ヘミングウェイ、……。こう並べてみると、ちょっとしたヨーロッパ文学史の感がある。

*

作家バルザック（Honoré de Balzac, 1799-1850）が、小説『マッシミラ・ドーニ *Massimila Doni*』（1839）のなかで、カフェ・フロリアンにふれている。小説の時代設定は一八二〇年代だが、バルザックは一八三七年にヴェネツィアを訪れているので、そのときの観察が生かされていることだろう。フロリアンとはこういう場所だ、とバルザックはいう。

カフェ・フロリアンは、ヴェネツィアの曰《いわ》く言い難い施設である。商人たちは、そこへ商売のために行く。弁護士たちは、そこでいちばん難しい相談をするために待ち合わせる。フロリアンは証券取引所であり、劇場の楽屋であり、読書室であり、クラブであり、罪の告解所であるし、簡単な国家業務にも向いている。その結果、ヴェネツィア婦人たちのなかには、夫の職業が何であるのか全然知らない者たちもいる。夫たちは手紙を書かねばならないときは、このカフェへ書きに行くからだ。当然ながら、フロリアンにはスパイが多いが、ヴェネツィア人気質にはそれが良い刺激になる。ヴェネツィア人たちは、この場所で、かつてはお家芸だった慎重さを実践できるからである。多くの人たちが、丸一日、フロリアンで過ごす。一部の男たちにとってフロリアンは必要不可欠なものとなっているので、芝居の中休みのあいだにも、友人たちのいる桟敷席を離れて、フロリアンのなかを一回りし、何が言われているかを知ろうとする(12)。

東京の喫茶店も、商談の場や書斎として機能しているのだが、そういう機能が徹底的に拡大された施設だったと想像すればよいだろうか。

バルザックは、一日中フロリアンで過ごす人たちも多い、と書いていたが、ヴェネツィア領事だったハウエルズも、フロリアンの常連について、こんな観察を書き残している。滞在記『ヴェネツィア暮らし』(1866)の一節。バルザックよりも少しのち、一八六〇年代のフロリアンの様子である。

彼らイタリア人は、めったに互いに話をしなかった。話をするときには、沈黙の状態から、にわかに激論になる。それが終わると、ふたたび完全な沈黙状態にもどるのである。年輩の人たちは、ステッキの頭のところで両手をしっかり握りあわせている。そうして、床を見つめているか、フランスの新聞を読むのに忙しい。若い連中は、入り口のところに立っていることが多い。そして、ときどき、黒い服に白のネクタイをした優雅な給仕たちと、まことに上品な冗談を言い交わす。……ときどき、これら若いのらくら者たちは、婦人専用で喫煙者を入れない部屋まで小旅行をし、部屋の美しさを、じっくり見ていることもある。それからまた、無口な仲間の側へ帰ってゆくのである。偶然、彼らがチェスをしているのを見かけたこともあるが、それは稀だった。彼らは、いずれも身なりの良いハンサムな男たちで、髭をきちんと切りそろえ、帽子もブーツもぴかぴかで、目に立つほど綺麗に洗濯されたシャツを着ていた。わたくしは、いつも、彼らは何者で、どういう社会階層に属しているのだろう、下らぬわたくし自身のように、フロリアンでくつろぐ他に何もすることがないのだろうか、と思ったものである。いまだに、謎はまったく解けない。ともかく、ヴェネツィアの一部の男たちは、こんなぐあいに優雅かつ有益に日々を過ごすのである。ヴェネツィアの父親は、ご子息の職業は、と問われると、誇らしげに、「広場におります」、と答えるのだった。それは、つまり、息子はステッキを持ち、薄い手袋をはめて、フロリアンの窓から、通りかかる婦人たちを見ている、という意味だった(13)。

詩人レニエはフロリアンを愛した文学者である。レニエは、フロリアンの別の側面を捉えている。随想『屋上テラス《アルターナ》』(1928)の一節。二十世紀初頭のフロリアンである。

……フロリアンは、天井の低い、フレスコ画と鏡とで装飾した複数の小サロンに分かれているが、今でも、その様子は、古めかしく優美で、心地よいロココ様式のままである。……これらの小サロンは、椅子の曲線が美しく、雰囲気がくつろいでいて、感じが良い。そこにいると、人はすぐに心が安らぎ、自分の家にいるような気持ちになる……こういう心地よさに加えて、フロリアンでは、すばらしいコーヒーと、うまそうなシャーベットがなんでも揃っているのだ。かくして、ここには常連が肘をつきあわせることになる。常連はほんもののヴェネツィア人である。旅行客の大波が去ってしまってからは、とりわけヴェネツィア人ばかりになる。わたくしたちも、もう国際的な大波の一部であるとはあまり感じなくなる。わたくしたちにとっても、フロリアンが日課のひとつになる。わたくしたちは、ここで無駄話と夢想の静かな時間を過ごす。ヴェネツィアならではの心地よい無為な時間である。これが、じつに良い思い出になるのである(14)。

この記述は、バルザックやハウエルズの見たフロリアンより、現在のフロリアンの状態に近いように思う。フロリアンの役割と客層が変化したのだろう。もっとも、今は、レニエのころと違い、国際的旅行者の大波はほとんど去ることがないが。

十九世紀末、ヘンリー・ジェイムズが中編小説『アスパンの恋文 *The Aspern Papers*』(1888)で描いたカフェ・フロリアンはすでに、のちにレニエが体験するフロリアンと同質のものである。この小説の語り手は、夜のカフェ・フロリアンの様子を、こう述べる。

わたくしは、水の上で夜を更《ふ》かすか(ヴェネツィアの月光は有名なものだ)、さもなければ、古く奇妙な聖マルコ教会の広い前庭となっている素晴らしい広場で夜を更かした。わたくしは、フロリアンのカフェの前に座り、氷菓子を食べたり、音楽を聴いたり、知人と話をしたりした。ヴェネツィアへ旅した人は、テーブルと小さな椅子とで出来た巨大な塊が、平らな湖のような広場のなかへ、岬のように延びている様子を覚えているだろう。広場では、夏の宵、星の下で数多くのランプが点《とも》り、さまざまな人声と、大理石を踏む軽い靴音とが聞こえる(広場を囲む巨大な拱廊《アーケード》に響くのは人声と靴音だけなのだ)。この場所全体が、喉を冷やす飲み物と、それよりもさらに美味な、日中に受け取った素晴らしい印象とを味わうための屋外サロンである(15)。

食事

イタリアというと、「食べて、歌って、恋をして」、というイメージがある。しかし、ヴェネツィアは、このイメージから外れているように思う。「恋をして」の実態はよく知らないが、東京とあまり変わらないのではないか。「歌って」についていえば、ゴンドラの周遊で歌い手がナポリ民謡を歌っていたりする姿が目立つが、それは職業歌手であるのだし、ナポリ民謡はヴェネツィア民謡ではない。ヴェネツィア人が軽くワインを飲みながら、にぎやかに話している姿はよく見かけるけれども、いっしょに歌を歌っている姿は見かけない。酒を飲んで歌うのは日本人のほうがよほど多いのではないだろうか。ヴェネツィア人は、歌うより話すほうを好むのだろうと思う。ヴェネツィアにカラオケ・カフェがたくさんできたというような話も聞いたことがない。

ヴェネツィア人については、「食べて」も、疑問である。ヴェネツィア人の家庭を見て回ったわけではないから、確定的なことはいえない。わたくしの観察は、かなり安い料理屋から中級程度の料理屋を何軒か夜ごと見ての話でしかない。そういう場所を見るかぎり、現地の人たちの利用度は少ない。料理屋で食事をするのは、何かの祝い事、たとえば誰かの誕生日に、一族が集まって料理屋の食卓を囲む、というような利用の仕方が多いようである。その一方で、ピザ屋で焼いてもらったピザを薄い正方形の紙箱に入れて持ち帰る人の姿が、しきりに目に付く。これだけの観察から、短絡的に、ヴェネツィア人は美食家でも大食家でもない、という結論を引き出すのは、あまりに性急である。性急と知りつつ、彼らが質量ともに食い道楽ではないかもしれない、といいたくなるのは、昔の外国人の観察にも、同様の所見が散見されるからである。それは伝統なのかもしれない。どちらかというと、ここの人たちは着道楽の傾向があるのではないかと思う。一般に、身なりにはずいぶん気を遣っている様子であるからだ。

*

十七世紀初頭の旅行者コーリャットは、旅行記『見たまま聞いたまま』(1611)のなかに、こんな記述を残している。

ヴェネツィアの貴紳たちは、まことに美しい館に住み、われら英国の大伯爵と同程度の偉容を保つのに十分な資産がありながら、立派な供応をすることも、堂々たる供揃《ともぞろ》えをすることもなく、じつに質素な食事をしている(16)。

「質素な食事」の伝統はこの後も維持されたらしい。学者ブロスは、十八世紀前半（一七三九年）にヴェネツィア貴族の館のサロンを訪れ、そこで出された食事の貧しさに驚いている。『イタリアからの私信』の一節である。

ヴェネツィア人は豪奢で、立派な館に住んでいるのに、若鶏一羽を人に与えることすらしないのです。わたしは、フォスカリーニ財務官夫人の社交サロンへときどき行きました。この家は、はなはだ豪華なのに加えて、夫人も優雅なのです。ところが、馳走としては、三時に——フランスの夕方十一時ですが——二十人の召使いたちが、ものすごく大きな銀の皿に、大きなカボチャの四つ切りを載せてくる。「アングーリ」つまり西瓜《すいか》と呼んでいるけれども、このうえなくひどいものです。これに山盛りの銀の取り皿が添えてある。各人が、四つ切りのひとつに飛びつく。それから、小さなカップでコーヒーを飲む。みんな、真夜中に、自分の家に戻って夜食を食べるのです。頭はふらふらで、腹はからっぽです(17)。

どうも、ヴェネツィア貴族は食について吝嗇《りんしょく》だった様子なのだが、十八世紀末葉（一七八五年）の英国人ピオッツィ夫人の観察を見ると、そもそも当時のヴェネツィアの上流夫人たちは、食そのものに関心がなかったのかもしれない。

……これまでぜったいに見たことがないような魚、こんな立派なものはここの海でしか見られないと思えるような魚が、ナイフとフォークとを待っています。新鮮なチョウザメ（「トン」と呼ばれているのですが）や、ニシンほどの大きさで、ロンドンのスプラットのように仕上げた新鮮なアンチョビは、並ぶものがありませんし、トーベイ産とまったく同じもので、豊富に採れる大ヒラメに、巨大なホウボウ。こういうものがもっぱらここでは食されています。イタリア人にとっては日々欠かせないといえるレバーのフライは、ミラノではとても素敵に仕上げてあったので、わたくしはミラノ人と同じくらい好きになったのですが、ヴェネツィアのものは、おいしくありません。ここでは、「フェガオ」と呼ばれています。

ところが、上流夫人たちは、ほとんど夕食を取らないのです。彼女たちは、紳士方が随行する支度のできる夕方の七時ごろに起きて、コーヒーハウスの戸口の椅子に座り、ほんとうに穏やかに、ココアを少しずつ飲みます[18]。

バイロンの詩「ベッポ――ヴェネツィアの物語」（1818）のなかの、つぎの一節も、ヴェネツィアの魚料理の簡素さと不味《まず》さとを述べているだろう。

この祝祭はカルネヴァーレという名でして、
これは、訳せば「肉よ、さらば」という意味なのです。
名実の一致しているこの名の由来は、
四旬節のあいだ、塩漬けと新鮮な魚だけを食べるからなのです。
なぜこれほどの歓楽をもって四旬節を招き入れるのか
よくわかりません。けれども、わたくしの推測するところ

英国で、駅馬車や定期船のなかで
出発のときと別れのときに、友人たちと
一杯の酒を酌み交わすようなものでしょうか。

こうして、彼らは肉の料理
中身の詰まった肉と、薬味たっぷりのラグーとに別れを告げ
四十日間、仕上げの悪い魚を食べて過ごす。
というのも、彼らのシチューにはソースがないからで。
これについては、子供のころから鮭には、すくなくも
醤油《ソイ》を掛けて食べることに慣れている旅行客たちから
「ふん」とか「へん」をたくさん、そして
ののしりもまた、いくつかを（これは詩にふさわしくないので
省略しますが）頂戴するのです。

というわけで、わたくしが
魚用ソースに関心をお持ちの方にお勧め申すのは
海を渡る前に、料理人か奥さんか友達に頼み
ストランド街まで歩くか、馬車で行ってもらい
ケチャップ、醤油、唐辛子酢、ハーヴェイの魚用ソースを

ダース買いしてもらうことです（あるいは出発後であれば紛失の可能性のいちばん低い方法で送らせてもよろしいかと）。さもないと、いやはや、四旬節で飢え死にしかけることになりましょう(19)。

ちなみに、現在も、ヴェネツィアの料理屋で魚のグリル焼きをあつらえると、塩焼きにして、レモンを添えて食卓に運ばれる。レモンを搾り、胡椒を振りかけて食べるのはシンプルで良いけれども、ときには醤油が欲しくなることもある。

ハウエルズは、十九世紀半ば（一八六〇年代）のヴェネツィア人の食生活について、まとまった記述を残している。『ヴェネツィア暮らし』（1866）の一節である。

……まず、イタリア人の性格のひじょうに目立つ特徴を見るのがよい。それは、飲食についての節制である。貧しい階級については、彼らがどれほど乏しい食事しかしないかを見ても、それほど驚かない。飲食について大いに話はするものの、「食べる」という動詞は、彼らのあいだでは、ほとんど機能していないのである。しかし、この節制の美徳は、かならずしも、それが必要だからという理由だけからでもないらしい。なぜなら、過食の悪徳が可能な階級でも、この美徳が実践されているからである。ドイツ人や英国人、それにある程度まで米国人の場合と異なり、ヴェネツィア人にとって、食事と飲酒は宴会の本質ではない。わたくしは、「庭の月曜（マンデイズ・アット・ザ・ガーデンズ）」などの庶民の社交的祝祭で、群衆が音楽、踊り、漫歩、会話などで楽しんでいても、大食いという北ヨーロッパの一大娯楽は不在であるのを、しばしば目にした(20)。

では、ヴェネツィアの中産階級の食事はどういうものだったか。ハウエルズは、こんなふうに書いている。

ヴェネツィア人は、食事は一日一回しかしない。これがディナーである。彼らの朝食は、パン一切れとミルクコーヒーだけ、夕食は、カフェで、ブラックコーヒーを小さなカップ一杯か、アイスクリーム一個である。ただし、コーヒーは、日中に何度も飲む。夏には、果物を食べるが、ほかの食べ物同様、わずかしか食べない。ディナーについては、もちろんディナーの性格によって多少変化する。しかし、中産階級のたいていの家族では、家でのディナーは、ボイルした牛肉一切れ、「ミネストラ」(野菜と牛の胃と米とでドロドロにしたスープ)、野菜料理を何か一皿、地元産のワインという構成である。すべての階級で、食事は、簡素の側に傾いている(21)。

この十数年前には、詩人ゴーチエが、旅行記『イタリア』(1852)のなかで、こんなことを書いていた。

揚げ物は、イタリア人の生活のなかで大きな位置を占めている。飲食の節制は南国の美徳だが、これは容易に怠惰に堕して、家庭ではほとんど料理をしない。戸外のこういう屋台店から、パスタや、衣揚げ、鶏の手羽、魚の揚げ物を買ってこさせるか、もっと形式張らない人たちは、その場で食べるのである(22)。

ヴェネツィア人（そしてイタリア人全般）に「飲食の節制」が行き渡っている、というのは、ハウエルズとまったく同じ指摘である。もちろん、ハウエルズやゴーチエの見たヴェネツィアが経済停滞期のヴェネツィアだったことは、考慮に入れた方がよいだろうが。

もうひとつゴーチエの記述のなかでわたくしが面白いと思うのは、屋外の屋台店の繁盛ぶりである。わたくしには、この記述のなかの屋台店が今のヴェネツィアではピザ屋に置き換わっただけのように思える。すでにふれたように、ピザ屋のテイクアウトは大いに繁盛している。

ハウエルズ夫妻は、家政婦を雇い、料理も任せていたのだが、こんな記録を残している。ちなみに、文中の「G」は、ハウエルズ夫妻が、夫婦のあいだで、この家政婦のことを話す場合の呼び方だった。

ヴェネツィアでは、食料は、家政婦たちが、大規模なアメリカのやり方に慣れている者の目には驚くほど、少しずつ買うものである。財布を握っているGは、わずかな分量の買い物を現金でおこない、一度に一食分以上を買うことはけっしてなかった。毎朝、果物と野菜は、リアルトの大市場から、町のあらゆる場所の多数の青果商の店に分配される。パンは（自宅ではぜったいに作らないもので）パン屋で焼きたてのものが見つかる。どの小広場にも肉屋があり、新鮮な肉を置いている。したがって、それぞれの家の食料を買うためには、毎日、これらの店に行くのである。貧しい人たちは、自由になる金額にあわせて食料を準備する。……これは貧しさに優しいシステムである。しかも、小売り値のわずかな金額は、売られているものの実価格にきわめて近い(23)。

あいにく、わたくしの手元の資料では、ハウエルズ以後、ヴェネツィア人の食生活に関するまとまった記述が見つからない。しかし、レニエが、聖マルゲリータ小広場を描写しているなかに、ゴーチエのころと同様に、屋台店の営業している様子が見られる。二十世紀初頭の光景。小説『会見』(1919)の一節である。

わたくしは、はね回っては広場を活気づけている襤褸《ぼろ》を着た子供たちの群を愛し、広場を横切る長いショールを羽織った女たちを愛し、揚げ物と槍烏賊《やりいか》とを売る男たちや、戸外でポレンタを売る男たちを愛し、人が騒々しく行き来するのを愛していた(24)。

ちなみに、引用文中の「ポレンタ」は、トウモロコシの粉末を水かスープに溶き、火にかけて練りあげたもので、そのまま食べたり、焼いて食べたりする。ヴェネツィアで古くから食べられている質素な食べ物である。

レニエの『屋上テラス《アルターナ》』(1928)のなかには、当時の料理屋の様子が述べられている。「ラ・ヴィーダ」という名のトラットリーアの様子である。ちなみに、「トラットリーア」と称する料理屋は、本来は「リストランテ」よりも大衆的な料理屋を指すはずだが、現実には、二種類の料理屋は区別がはっきりしない場合もある。現在のヴェネツィアの「トラットリーア」には、家族で営業していて気取らない雰囲気の料理屋から、食堂の内装も高級感があって、制服を着た給仕たちがいて、料理の値段もかなり高いものまである。その逆に、夏には下着のシャツ姿の亭主が客の注文を取りに来るような気さくな「リストランテ」もある。レニエの通ったトラットリーアは、本来の意味のトラットリーアだったようである。

「ラ・ヴィーダ」は素朴なトラットリーアである。田舎の小レストラン兼ホテルのような感じの良い外観で、聖ジャコモ・ダッローリオ小広場にあるのを見ると楽しくなる。このトラットリーアは、広場のなかで一軒だけ孤立している建物にはいっていて、出入り口は藤の花で飾られている。天気の良いときには、戸外でも昼食を食べることができるのだが、わたくしは、屋内の、ふたつある部屋のうちのひとつに座るほうが好きだ。屋内の部屋へは厨房のなかを通ってゆくのである。その厨房から、喜劇の召使いの顔つきをした愛想の良い陽気な給仕が、バター和えスパゲッティか特製スカロッピーナを運んでくる。ラ・ヴィーダの常連は、小市民階級か商人たちである。客は大声で話し、煙草をたくさん吸うのだが、店全体に機嫌の良さが行き渡り、みんな大衆らしく形式張っていない。痩せて浅黒く厳格な女主人が、給仕を取り仕切っていた(25)。

ラ・ヴィーダは、くつろいだ雰囲気のトラットリーアだったようだが、バター合えスパゲッティかスカロッピーナが代表的なメニューということであれば、質素な料理である。ちなみにスカロッピーナは、エスカロップ(子牛肉を叩き伸ばし、塩胡椒を振りかけ、小麦粉をまぶしてソテーした料理)の小型版である。このトラットリーアは、美食を出す店でも、美食を求める客が行く店でもなかったようである。そういう店が、ヴェネツィアの小市民階級や商人たちの好む店だったらしい。

＊

ところで、ハウエルズは、「毎朝、果物と野菜は、リアルトの大市場から、町のあらゆる場所の多数の青果商の店に分配される」、と書いていた。ゴーチエの『イタリア』(1852)には、小売り販売をする青果商の描写がある。聖マルコ広場近くのフレッゼリーアあるいはフレッザリーアという繁華な路地に店を出している青果商の様子である。

……商品の陳列がいちばん華麗なのは果物屋の店である。大砲置き場の砲弾のように並べて積み重ねられた紅色の桃。金色だったり、琥珀色だったり、透明だったり、じつに豊かな色合いだったり、宝石のように真っ赤だったりする大量の葡萄。その果実は、ネックレスやブレスレットのように糸に通されているかのようで、古代の酒神の供、若きマイナデスの首か腕に似合いそうだ。こういう桃や葡萄ほど新鮮で、分類が行き届き、食欲をそそるものはない。トマトは、激しい赤色が黄金色に混ざろうとしている。西瓜は、緑のコルセットを裂き、薔薇色の傷を見せている。これらの美しい果物がすべて、ガス灯で強烈に照らされ、葡萄の葉の寝床から、驚くほどくっきり浮き出して見える。これほど心地よく目を楽しませるものはない。腹はまったく空いていないのに、ただただ色が気に入って、こういう桃や葡萄を買ってしまうことも、しばしばである(26)。

聖ジャコモ・ダッローリオ小広場

いまでも、ヴェネツィアの街の果物屋は、色鮮やかで、見ていて楽しい場所である。品質も味も一般に良いようである。街に点在する果物屋でもそうであるから、リアルトの青果市場に行くと、さまざまな果物の色彩が氾濫して、視覚が錯乱する感じさへする。

十八世紀末葉（一七八〇年）、ベックフォードは、リアルト市場近くの宿に滞在していて、早朝、船で運ばれてきた大量の果物と野菜とを目撃している。

バルコニーの下の、鳴り響く人声と、水の飛び散る音とで目が覚めたのは、五時前だった。外を見ると、大運河は、筏《いかだ》と荷船とに載せられた果物と野菜とで覆い尽くされ、ほとんど波ひとつ見えない。葡萄と梨とメロンの荷が到着したかと思うと、一瞬のうちに消えた。なぜなら、すべての船が動いていたからだ。大勢の買い手が、船から船へと急いでいる。これほどに活気ある光景はめずらしいだろう(27)。

リアルトの青果市場の側には魚市場もある。この魚市場の描写としては、ヘミングウェイの小説『川を渡って木立のなかへ』(1950)の一節が生彩たっぷりである。語り手の大佐がここを訪れる設定である。

魚市場では、重い、灰緑色のロブスターが、滑りやすい石の床の上に広がっていたり、バケツのなかや、ロープの取っ手の付いた箱のなかにいた。灰緑色に深紅の色が重なっているのが、湯のなかで死を迎える予兆だった。連中はみんな騙《だま》されて捕まったのだ、と大佐は考えた。爪は釘付けにされていた。

小型の平目もいたし、鬢長《びんなが》と鰹も少しいた。鰹は、ボート型の尾をした銃弾のようで、死んで

魚市場

青果店（リアルト）

いても威厳があるし、外洋魚特有の大きな目をしている、と大佐は思った。

鰹は、大食いでさえなければ、捕まるような魚ではない。かわいそうだが、平目は浅い海にいて、人間の食料になる魚だ。しかし、大きな群で流浪する銃弾のような魚たちは、青い海のなかに住み、七つの海を旅する連中だ。

俺は何を考えているのだろう。ほかにどんな魚があるか見よう。

鰻がたくさんいた。生きているのだが、もう鰻であることに自信を持っていない。良い中型の海老もいた。これは、氷を割るブルックリン・アイスピックの代わりになりそうな、両刃の剣型の道具に刺して焼かれて「スカンピ・ブロケット」になる海老だ。

中型の小海老もいた。灰色と乳白色とをして、湯で煮られて不死の状態にはいるのを待っている。剥《む》かれた皮は、大運河の引き潮に乗って簡単に流れてゆくのだ。

大佐は考えた。あの日本の老提督の口ひげよりも長い触手を持った素早い小海老は、われら人間のために、今ここで死のうとしている。ああ、キリスト教的小海老よ、隠遁の名人よ、そのふたつの軽快な鞭《むち》のすばらしい情報部は、網がある、灯りが危険だと、なぜ知らせてくれなかったのか。ちょっとした間違いがあったに違いないな、と大佐は考えた。

大佐は、今度は、多数の小さな甲殻類を見た。剃刀《かみそり》の刃のような蛤や、そのほかすべての小さくて美味なもの。チフスの予防注射を更新してあるなら、蛤は生で食べるに限る。

大佐は、これら甲殻類の側を通り過ぎ、売り手のひとりに、蛤はどこで採れたのかを尋ねた。蛤は、汚水のない安全な場所で採れていた。大佐は、六個の貝の蓋を開けるように頼んだ。大佐は、汁を飲み、蛤を切って取り出した。売り手の男が渡した湾曲したナイフで、殼すれすれのところを切った。男がナイフを渡したのは、自分が教わったのよりも大佐のほうが殼近くを切ることを、経験から知っていたからである(28)。

最後にもうひとつ、ヴェネツィアの飲料水についてふれておこう。ヴェネツィアには、十九世紀末の一八八四年に、イタリア本土から上水道が引かれた。その後は、もっぱら水道水が使われている。しかし、それ以前は、この町では、雨水を濾過《ろか》したものを浄水として利用していた。町に多数ある小広場には、今もその名残で、かならず蓋の着いた井戸がある。井戸の近くの、周囲より少し低くした場所に、小さな穴が開けられている。この穴から雨水を取り込み、それを砂の層で濾過して、井戸に溜める仕組みである。ハウエルズが、この井戸に関する記録を書き残している。まだ、上水道が引かれる前で、井戸が利用されていたのである。

……業者によって家まで運んでもらわねばならないものもある。たとえば、飲料用と調理用の水である。これは、頑丈な若い娘たちに、広場の公共の水槽から汲み上げて、各家まで運んでもらわねばならない。このビゴランティと呼ばれている娘たちは、みんなフリウーリ山中の出身である。全員が薔薇色の頬をし、歯は白く、目が輝いていて、およそ腰（腰のくびれという今流行の意味だが）というものがないが、背中はたっぷりしている。水槽は、午前八時頃に開けられる。すると娘たちの一日の仕事が始まる。べちゃくちゃ喋り、バシャンバシャンと水音を立て、井戸から桶を引き上げる。それから、頑丈な小娘たちが、代わる代わる、桶をふたつ担いで、小走りに走り去る。桶は、右肩に載せた弓なりの竿《さお》の両端にひとつずつぶら下げてある。水はひじょうに良質である。なぜなら、この水は、雨が、ゆるやかに傾斜している小広場の表面に降り、水槽のまわりの海砂の床を通って、その下の冷たく深い場所に浸み出したものだからである。水汲み娘は毎朝やってきて、真鍮《しんちゅう》の桶の水を、（ヴェネツィアの台所の装飾ともなっている）多孔性土器の美しい大きな壺のなかに移す。毎日水を入れてもらって、並の家庭だと、一ヶ月に一フローリンほどの料金である[29]。

井戸と雨水の取り入れ口

終章　別れ

ミラノかローマで乗り換えて日本に向かうとすれば、ヴェネツィアを出立するのは午後になるだろう。水上タクシーのモーターボートは、ヴェネツィアの北岸を離れると、本土のマルコ・ポーロ空港を目指して、潟に白い航跡を残しながら、まっしぐらに走ってゆく。

水上タクシーの後部に、無蓋の場所がある。そこに立ち、急速に遠ざかってゆくヴェネツィアの町並みを見るときには、きまって、日頃は冷静なわたくしも、無性に感傷的になる。ヴェネツィアの町の体験は楽しいことばかりではないし、「神経質な女のように変化する」とジェイムズのいう町の外貌も、美しいときばかりではない。しかし、タクシーの後部に立って、教会の尖塔や建物の外観が弁別できる状態から、町全体が横長の線のようになるまで眺めていると、思い出されるのは、ふしぎに、この町の心地よい外観と触感ばかりである。そして、きまって、この町に来ることができるのは、これが最後になりそうな、これがこの町の見納めのような気がするのである。

そんなふうにヴェネツィアを去ってから十ヶ月も経過しないころ、わたくしは、またそわそわと、旅行社のカウンターへヴェネツィア行き航空券の手配に行ってしまう。

当然のことながら、ヴェネツィアを訪れてみたものの、そこがあまり気に入らない人も少なくない。そういう人たちは、いそいそと立ち去ってゆく。十七世紀の神父ラセルズは、『イタリアの旅』(1670)に、こう書いている。

*

こうして一ヶ月の滞在のあいだにヴェネツィア全体をくりかえし見たわたくしは、ここを喜んで立ち去りたいと思った。わたくしは、ヴェネツィアについても、ソクラテスがアテネについて、これは「妻であるより、娼婦である方がよい」町だ、といったのと同じことがいえると思った。つまり、二週間滞在するには素晴らしい町だが、住み続けるべき町ではないと思ったのである。こう思ったわけは、一部の水路が悪臭を放っているからであり、葡萄酒の質が良くないからであり、水の質はもっと良くないからであり、海から来る湿った空気がけっして健康に良いとはいえないからであり、死者を埋葬するためにさえ土地が足りないからであり、燃やすための燃料がほとんどないからである。したがって、土・気・火・水の四元素がここではいずれも純粋さを欠いているので、わたくしは、これらの洗練されたオランダ人〔=ヴェネツィア人〕を残してパドヴァに戻るのを喜んだのである(1)。

ちなみに、現在のヴェネツィアを弁護しておけば、ヴェネト地方産の葡萄酒の質はけっして悪くない。飲み水も、ラセルズの訪れたころは、雨水を濾過《ろか》して使用していたが、今は、上水道がイタリア本土から引かれていて、悪くない。空気も、自動車の排気ガスが充満している東京の空気と比較すれば、はるかに健康によいだろう。死者を埋葬する土地は、東京も足りない。燃料は、瓦斯が供給されている。

しかし、ヴェネツィアが気に入る人たちは、また別の思いを抱きながら、町を去ってゆく。ヴェネツィア好きのわたくしの目から見て、ヴェネツィアを去るときの気持ちをうまく代弁してくれていると思うのは、バイロンの戯曲『フォスカリ家の二人 *The Two Foscari*』(1821) のなかの、こんな台詞である。

ああ、そうか。君はヴェネツィアから遠く離れたことが一度もなかったね。沖へ沖へと遠ざかっていきながら、ヴェネツィアのあの美しいたくさんの塔を見たことが一度もなかったね。そのときには、船が後に残す航跡の一本々々が、まるで鋤《すき》の刃のように胸を奥底まで切りさいなむのだ(2)。

レニエにも、ヴェネツィアを去るときの気持ちを詠う、こんな詩がある。

別れ Départ

ああ。ヴェネツィアからの緩やかな別れ

一日延ばしにするのである
滞在を終える前に
館をあとひとつ、教会をあとひとつ、と。

海の税関《ドガーナ・ディ・マーレ》の上で
運命が、好みのままに回す
黄金の輪も、潟から
もう一度見ておきたい。

狭い路地の奥で
自分の高らかな靴音が
敷石から跳ね返ってくるのも
もう一度聞いておきたい。

望みは、
全生涯が沈黙のうちに永遠に休止し
運命が、こののち
ここの場所々々に結びつけてくれること。

ちいさな庭の門を開けて
閉める。そこには
蒼白な手をした死者の影が
彷徨《さまよ》っているかのようだ。

ヴェネツィアの虜《とりこ》、
愛の指輪を指に嵌《は》め
指輪は墓にはいるまで
壊れない。

ヴェネツィアを、刻一刻
いつも思いのなかに運び
思い出に鳴る耳のなかに
いつも留める(3)。

ブロツキーも、ヴェネツィアを去る辛さを感じた人だが、辛くなる原因をこんなふうに説明している。『水位標』(1992)の一節である。

人間は有限だから、この場所からの別れは、いつでも最後の別れと感じられる。この場所を後に残すのは、永遠にここを去ることである。なぜなら、去ることは、目を、他の感覚の領域に追放することであるからだ。最善の場合でも、それは、脳の割れ目や裂け目へと目を追放することである。なぜなら、目は、それが属している身体と一体化するのでなく、それが注視する対象物と一体化するからだ。目にとっては、純粋に視覚的理由から、別れは、身体がこの町を離れることではなくて、この町が瞳を捨て去ることなのだ。同様に、愛する人が消えてゆくのは、特にそれが徐々に消えてゆく場合には、どちらに歩く理由があり、現実に移動しているかには関わらず、深い悲しみを引きおこすものである。この世界に関するかぎり、この町は目の愛人である。この町のあとでは、すべてが失望だ。流れる涙は、将来を先取りしている(4)。

ブロツキーは、ヴェネツィアという町は「目の愛人」だというのだが、どうやらこの町を愛する人は、この町とのあいだに、比喩を越えた、一種の人格的関係を取り結ぶようである。わたくし自身も、そんな気がするときがある。この点について、ヘンリー・ジェイムズの随想「ヴェネツィア」(1882)に、興味深い記述がある。

ヴェネツィアは、毎日暮らしてみて、はじめて、十分な魅力を感じ取ることができる。その精妙な影響力を、精神に浸透するように招き寄せることができるのである。この生き物は、神経質な女のように変化する。この町がわかったといえるのは、その美しさのあらゆる表情を知ったときである。この町は、天候と時刻次第で、気分が高揚しているときも、滅入っているときもある。血の気が失せていることも、血色がよいこともある。灰色のことも、薔薇《ばら》色のこともある。冷たいことも、温かいこともある。生き生きしていることも、疲れていることもある。この町は、いつも興味深く、ほとんどいつも悲しげだ。しかし、折にふれて、千にもおよぶ優美さを見せ、いつでも、幸運な偶然が起こる。人は、そういう変化を無性に好むようになる。そういう変化を期待するようになり、それが生きていることの一部になる。人は、この町を、優しい気持ちで愛好するようになる。こうして次第に確立してくる人格的な交際には、深部に何か言い難いものがある。この場所は人格化し、人間となって、人の愛情を感じ取り、意識するかのようである。人は、この町を抱擁し、愛撫し、我がものにしたくなる。そして、ついには、穏やかな所有感が育ち、ここへの訪問は、果てしない情事となる(5)。

ヴェネツィアという町が人格化し、人格化したヴェネツィアを愛人としていたのは、レニエの場合も同様である。第一次世界大戦をあいだに挟み、久々に訪れたヴェネツィアの様子を述べる、レニエの書きぶりに注目してみよう。『屋上テラス《アルターナ》』(1928)の一節である。

光り輝く朝から、壮麗な夕方まで、わたくしは、この最初の一日を、ヴェネツィア中を巡りながら過ごした。わたくしのまわりでは、少しずつ、運河のしっとりした細帯と、路地の土《カッリ》の紐が結び直されていった。ヴェネツィアは、すべての正面《ファサード》に注意力を込めて、わたくしを見た。すべての鐘で、わたくしと話をした。橋の湾曲したアーチが、快楽の矢でわたくしを差し貫いた。わたくしは、ヴェネツィアを潟の尽きるところまで、ふたたび我がものにした(6)。

ヴェネツィアはただの都市ではなく、愛人であるがゆえに、別れが辛く、忘れがたいのである。その気持ちは、レニエの『ヴェネツィア下絵集』（1906）にみごとに表現されている。

わたくしは、ヴェネツィアの取りついて離れない力から逃れようと心に決めた。だが、情けないことながら、これほど巧妙な妖術から、どうやって身が守れよう。ヴェネツィアの魅力は、あまりに強力で、あまりに微妙であるので、いったんそれを感じると、永遠にそれに捉えられてしまうのである。それでも、わたくしは、身を解き放そうと試みた。わたくしは、お前の像の前に、もっと雄大で輝かしい像を立ててみた。わたくしは野蛮な土地に向かい、粗暴・陰鬱な光景でわたくしの目を眩《くら》ませ、お前の繊細な魅力を感じなくしてくれるように求めさえした。わたくしは、お前を忘れるために、太洋を越えた。……だが、だめだった。また、わたくしは、お前の美しさに対抗させるために、他の美しいものを探した。ローマは、雄弁で重量感のある廃墟をわたくしに見せた。フィレンツェは、優雅で力強い驚くべき作品を見せてくれた……(7)。

こんなふうに語り手は、さらにギリシア、中近東……へと旅を続け、他の美しいものを探し回っているうちに、キプロス島へやってくる。

わたくしはキプロス島へ近づいた。ヨーロッパ人の要塞の古い石のなかに、ヴェネツィアよ、わたくしはお前の有翼の獅子をまた見付けた。門の上に、その誇らしげな象徴が嵌《は》めこまれている。ロードス島の町カンディアでも、壁に彫刻された有翼の獅子像は、今もまだある……(8)。

キプロス、ロードスといった島々は、かつてヴェネツィア領だったから、ヴェネツィアのシンボルである有翼の獅子の像が残っているのである。語り手は、その像によってヴェネツィアを思い出してしまう。

イスタンブールへ行っても、こんなぐあいである。

　聖ソフィア聖堂では、大理石とモザイクとのなかで、わたくしはお前の煌《きら》めく黄金の聖マルコ聖堂を思い浮かべた。……金角湾のカヤック舟は、潟のゴンドラを思い出させた（9）。

語り手は、ヴェネツィアに戻らざるをえないのである。

　こうして、お前の存在で思いを満たして、わたくしはお前のもとへ戻ってきた。水路を横切り、外海からお前を守っている土手を通り過ぎ、わたくしたちを運んでいる船から、ある朝、わたくしはお前の姿を捉えた。しかし、これは、ほんとうにお前なのだろうか。船は近づいてゆくのだが、これは、思い出がお前の姿を目に見せているだけのようにも思える。わたくしがお前から望んで

ヴェネツィアを離れる

いたすべてのものが、瞬く間に現実化してゆく。その過程は驚異なのだが、わたくしには自然に思える。まもなく、お前は、完全な姿でそこにいた。しかし、水晶のように透明な空の下で、あまりに驚きに満ち、あまりに繊細なので、わたくしの欲望の力が呼び起こした幻にすぎないのではないか、とわたくしは恐れた。そして、この夢のような光景は、わずかな衝撃でも破壊されてしまい、潟のひび割れた鏡の上に、虹色の雲の虚ろな水蒸気しか残らないのではないか、と恐れた(10)。

こうして、わたくしたちもまた、この小著の冒頭に戻ることになるのである。

【註】

まえがき

(1) Evelyn Waugh, "Sinking, Shadowed and Sad — The Last Glory of Europe," in D. Gallagher, ed., *The Essays, Articles and Reviews of Evelyn Waugh*, London: Methuen, 1983, p. 545.

(2) 梶原・山下校注『平家物語（三）』岩波文庫、1999, p. 234.（字句一部変更）

(3) George Gordon Byron, *Childe Harold's Pilgrimage*, IV, ll. 1-6, in J.J. McGann, ed., *Byron*, Oxford & New York: Oxford U.P., 1986, p. 148.

序章　到着

(1) R.J. Gemmett, ed., William Beckford, *Dreams, Waking Thoughts, and Incidents*, Rutherford &c.: Fairleigh Dickinson U.P., 1971, p. 110.

(2) Hester Lynch Piozzi, *Glimpses of Italian Society in the Eighteenth Century*, London: Seeley & Co., 1892, p. 102.

(3) C. Michel, ed., Johann Wolfgang Goethe, *Italienische Reise*, Frankfurt am Main & Leipzig: Insel, 1976, pp. 91-92.

(4) *Italienische Reise*, p. 91.

(5) Henri de Régnier, *La Vie vénitienne*, Paris: Mercure de France, 1986, p. 13.

(6) *La Vie vénitienne*, pp. 13-14.

(7) K. Flint, ed., Charles Dickens, *Pictures from Italy*, London: Penguin, 1998, p. 78.

(8) *Ibid.*

(9) *Ibid.*

(10) Thomas Mann, *Der Tod in Venedig und Andere Erzählungen*, Frankfurt am Main: Fischer, 1966, pp. 26-27.

第1章　広場

(1) Thomas Coryat, *Coryat's Crudities*, Glasgow: James MacLehose & Sons, 1905, p. 314.

(2) W.D. Howells, *Venetian Life*, 20th ed., 1985; rpt. New York: AMS, 1971, p. 54.

(3) *Venetian Life*, pp. 55-56.

(4) R.E. Prothero, ed., *Private Letters of Edward Gibbon*, New York: Fred Defau & Co., 1907, p. 53.

(5) F. d'Agay, ed., *Lettres d'Italie du Président de Brosses*, vol. 1, Paris: Mercure de France, 1986, p. 189.

(6) *Coryat's Crudities*, p. 314.

(7) Richard Lassels, *The Voyage of Italy: or A Compleat Journey through Italy*, Paris: Vincent du Moutier, 1670, p. 404.

(8) *Lettres d'Italie du Président de Brosses*, vol. 1, p. 190.

(9) R.J. Gemmett, ed., William Beckford, *Dreams, Waking Thoughts, and Incidents*, Rutherford &c.: Fairleigh Dickinson U.P., 1971, p. 119.

(10) M. Lutyens, ed., *Effie in Venice: Unpublished Letters of Mrs. John Ruskin Written from Venice between 1849 and 1852*, 1965; rpt. London: Pallas, 1999, p. 65.

(11) Paul Morand, *Venises*, Paris: Gallimard, 1971, pp. 40-41.

(12) *Venises*, pp. 46-47.

(13) E.V. Lucas, *A Wanderer in Venice*, rev. ed., London: Methuen, 1923, p. 32.

(14) *Ibid.*

(15) *Ibid.*

(16) Mary McCarthy, *The Stones of Florence and Venice Observed*, London &c.: Penguin, 1972, p. 180.
(17) *Ibid.*
(18) Frederic C. Lane, *Venice: A Maritime Republic*, Baltimore: Johns Hopkins U.P., 1973, pp. 423-425.
(19) *Venice: A Maritime Republic*, p. 420.
(20) G. Perocco & A. Salvadori, *Civiltà di Venezia*, vol. 2, Venezia: Stamperia di Venezia, 1979, p. 772.
(21) D. Maurer & A.E. Maurer, eds., *Venedig*, Frankfurt am Main & Leipzig: Insel, 1998, p. 55.
(22) G. Cacciapaglia, ed., *Deutschsprachige Schriftsteller und Venedig vom XV. Jahrhundert bis Heute*, Venezia: La Stamperia di Venezia, 1985, p. 122.
(23) *Ibid.*
(24) Théophile Gautier, *Italia: Voyage en Italie*, Paris: La Boîte à Documents, 1997, p. 88.
(25) J.L. Bradley, ed., *Ruskin's Letters from Venice, 1851-1852*, New Haven: Yale U.P., 1955, p. 60.
(26) *Venetian Life*, p. 58.
(27) *Venetian Life*, pp. 59-60.
(28) *Venises*, p. 48.
(29) John Pemble, *Venice Rediscovered*, Oxford: Clarendon Press, 1995, p. 15.
(30) *Il Gazzettino*, 5, 12, 2002.
(31) C. Michel, ed., Johann Wolfgang Goethe, *Italienische Reise*, Frankfurt am Main & Leipzig: Insel, 1976, pp. 110-111.
(32) *Italia*, p. 147.
(33) *Italia*, p. 148.
(34) *Venetian Life*, p. 64.
(35) *Venetian Life*, pp. 64-65.
(36) Henri de Régnier, *L'Entrevue*, in *Histoires incertaines*, Paris: Mercure de France, 1919, pp. 46-47.
(37) J. Auchard, ed., Henry James, *Italian Hours*, New York &c.: Penguin, 1995, p. 22.
(38) Henri de Régnier, *Esquisses vénitiennes*, Paris: Mercure de France, 1920, pp. 120-121.

(1) Fynes Moryson, *An Itinerary*, Amsterdam: Theatrum Orbis Terrarum; New York: Da Capo Press, 1971, p. 87.

(2) W.M. Merchant, ed., William Shakespeare, *The Merchant of Venice*, I.3, ll. 35-6, London &c.: Penguin, 1967, p. 80.

(3) シェイクスピア（福田恒存訳）『ヴェニスの商人』新潮文庫、1967, p. 25.

(4) *The Merchant of Venice*, I.3, ll. 103-05, p. 83.

(5) 『ヴェニスの商人』、p. 29.

(6) George Gordon Byron, *Childe Harold's Pilgrimage*, IV, ll. 28-36, in J.J. McGann, ed., *Byron*, Oxford & New York: Oxford U.P., 1986, p. 149.

(7) *Childe Harold's Pilgrimage*, IV, ll. 1-9, in *Byron*, p. 148.

(8) *Childe Harold's Pilgrimage*, IV, ll. 19-23, in *Byron*, p. 149.

(9) *Childe Harold's Pilgrimage*, IV, ll. 112-14, in *Byron*, p. 152.

(10) George Gordon Byron, "Ode on Venice," ll. 1-4, in E.H. Coleridge, ed., *The Works of Lord Byron*, Poetry, vol. 4, London: John Murry, 1905, p. 193.

(11) John Ruskin, *The Stones of Venice*, vol. 1, in E.T. Cook & A. Wedderburn, *The Works of John Ruskin*, vol. 9, London: George Allen, 1903, p. 17.

(12) M.D. Germain, ed., Maurice Barrès, *La Mort de Venise*, Saint-Cyr-sur-Noire: Christian Pirot, 1990, p. 91.

(13) Lindsay Stainton, *Turner's Venice*, New York: George Braziller, 1985, p. 9.

(14) *La Mort de Venise*, pp. 39-40.

(15) *La Mort de Venise*, pp. 49-50.

(16) R.J. Gemmett, ed., William Beckford, *Dreams, Waking Thoughts, and Incidents*, Rutherford &c.: Fairleigh Dickinson U.P., 1971, pp. 123-124.

(17) C. Michel, ed., Johann Wolfgang Goethe, *Italienische Reise*, Frankfurt am Main & Leipzig: Insel, 1976, p. 94.
(18) G. Bagioli et al., *Guida d'Italia: Venezia*, Milano: Touring Club Italiano, 1985, p. 640.
(19) Henri de Régnier, *Esquisses vénitiennes*, Paris: Mercure de France, 1920, pp. 55-56.
(20) Diego Valeri, *Guida sentimentale di Venezia*, Padova: Le Tre Venezie, 1944, p. 80.
(21) Brian Pullan, *Rich and Poor in Renaissance Venice*, Oxford: Blackwell, 1971, p. 265.

第三章　運河

(1) 『海の都の物語——ヴェネツィア共和国の一千年（上）』新潮社、2001, p. 32.
(2) Diego Valeri, *Guida sentimentale di Venezia*, Padova: Le Tre Venezie, 1944, pp. 67-68.
(3) J. Calmette, ed., Philippe de Commynes, *Mémoires*, vol. 3, Paris: Honoré Champion, 1925, pp. 109-110.
(4) John Ruskin, *The Stones of Venice*, vol. 1, in E.T. Cook & A. Wedderburn, eds., *The Works of John Ruskin*, vol. 9, London: George Allen, 1903, p. 33.
(5) *The Works of John Ruskin*, vol. 9, p. 46.
(6) *The Stones of Venice*, vol. 2, in *The Works of John Ruskin*, vol. 10, London: George Allen, 1904, p. 270.
(7) *The Stones of Venice*, vol. 3, in *The Works of John Ruskin*, vol. 11, London: George Allen, 1904, p. 74.
(8) *The Works of John Ruskin*, vol. 11, p. 75.
(9) W. D. Howells, *Venetian Life*, 20th ed., 1895; rpt., New York: AMS, 1971, p. 390.
(10) Henry James, "The Grand Canal," in J. Auchard, ed., *Italian Hours*, New York &c.: Penguin, 1995, p. 37.
(11) Richard Lassels, *The Voyage of Italy: or A Compleat Journey through Italy*, Paris: Vincent du Moutier, 1670, p. 425.
(12) F. d'Agay, ed., *Lettres d'Italie du Président de Brosses*, vol. 1, Paris: Mercure de France, 1986, p. 212.
(13) Honoré de Balzac, *Lettres à Madame Hanska*, vol. 1, Paris: Delta, 1967, pp. 489-490.
(14) Henri de Régnier, "A Théophile Gautier," in *Vestigia flammae*, in *Œuvres*, vol. 6, Genève: Slatkine, 1978, p. 156.

(15) John Auchard, "Introduction" to J. Auchard, ed, Henry James, *Italian Hours*, p. xviii.
(16) Théophile Gautier, *Italia: Voyage en Italie*, Paris: La Boîte à Documents, 1997, p. 229.
(17) *Italia*, p. 135.
(18) *Italia*, p. 132.
(19) *Italia*, p. 135.
(20) *Ibid.*
(21) A. Chevalier, ed., Marcel Proust, *Albertine disparue*, in *À la recherche du temps perdu*, vol. 6, Paris: Gallimard, 1992, p. 207.
(22) Henry James, "Venice," in *Italian Hours*, pp. 16-17.
(23) R. E. Prothero, ed., *Private Letters of Edward Gibbon*, New York: Fred Defau & Co., 1907, p. 53.
(24) Alastair Grieve, *Whistler's Venice*, New Haven & London: Yale U.P., 2000, p. 61.
(25) *Guida sentimentale di Venezia*, p. 77.

第四章　路地と船

(1) C. Michel, ed., Johann Wolfgang Goethe, *Italienische Reise*, Frankfurt am Main & Leipzig: Insel, 1976, p. 92.
(2) *Italienische Reise*, p. 94.
(3) A. Chevalier, ed., Marcel Proust, *Albertine disparue* in *À la recherche du temps perdu*, vol. 6, Paris: Gallimard, 1992, p. 230.
(4) *Albertine disparue*, pp. 230-231.
(5) Henri de Régnier, *La Vie vénitienne*, Paris: Mercure de France, 1986, pp. 22-23.
(6) Diego Valeri, *Guida sentimentale di Venezia*, Padova: Le Tre Venezie, 1944, p. 78.
(7) M. Lutyens, ed., *Effie in Venice: Unpublished Letters of Mrs. John Ruskin Written from Venice between 1849 and 1852,*

1965; rpt. London: Pallas, 1999, p. 66.

(8) Joseph Brodsky, *Watermark*, New York: Ferrar, Straus & Giroux, 1992, p. 37.

(9) Henri de Régnier, *L'Entrevue*, in *Histoires incertaines*, Paris: Mercure de France, 1919, p. 23.

(10) *Histoires incertaines*, pp. 24-25.

(11) *Watermark*, pp. 45-46.

(12) *Watermark*, pp. 12-13.

(13) *Watermark*, pp. 14-15.

(14) John Ruskin, *Fors Clavigera*, vol.1, in E.T. Cook & A. Wedderburn, eds., *The Works of John Ruskin*, vol. 27, London: George Allen, 1907, p. 328.

(15) Henry James, "The Grand Canal," in J. Auchard, ed., *Italian Hours*, New York &c.: Penguin, 1995, p. 48.

(16) Carlo Donatelli, *La gondola: una straordinaria architettura navale*, Venezia: Arsenale, 1990, pp. 47-48.

(17) Quoted in Ian Littlewood, *A Literary Companion to Venice*, London &c.: Penguin, 1991, p. 16.

(18) "Venice", in *Italian Hours*, p. 19.

(19) F. d'Agay, ed., *Lettres d'Italie du Président de Brosses*, vol. 1, Paris: Mercure de France, 1986, p. 188.

(20) V. Michels, ed., Hermann Hesse, *Italien: Schilderungen, Tagebücher, Gedichte, Aufsätze, Buchbesprechungen und Erzählungen*, Frankfurt am Main: Suhrkamp, 1983, p. 288.

(21) Thomas Mann, *Der Tod in Venedig und Andere Erzählungen*, Frankfurt am Main: Fischer, 1966, pp. 26-27.

(22) George Gordon Byron, "Beppo: A Venetian Story," ll. 145-160, in J.J. McGann, ed., *Byron*, Oxford & New York: Oxford U.P., 1986, p. 321.

(23) Hermann Hesse, *Italien*, p. 51.

(1) W.D. Howells, *Venetian Life*, 20th ed., 1985; rpt., New York: AMS, 1971, p. 56.
(2) *Venetian Life*, p. 52.
(3) John Ruskin, *The Seven Lamps of Architecture*, in E.T. Cook & A. Wedderburn, eds., *The Works of John Ruskin*, vol. 8, London: George Allen, 1903, p. 206.
(4) J.L. Bradley, ed., *Ruskin's Letters from Venice 1851-1852*, New Haven: Yale U.P., 1955, p. 49.
(5) Diego Valeri, *Guida sentimentale di Venezia*, Padova: Le Tre Venezie, 1944, pp. 27-28.
(6) Mary McCarthy, *The Stones of Florence and Venice Observed*, London &c.: Penguin, 1972, p. 195.
(7) F. d'Agay, ed., *Lettres d'Italie du Président de Brosses*, vol. 1, Paris: Mercure de France, 1986, p. 207.
(8) John Moore, *A View of Society and Manners in Italy*, 5th ed., London: A. Strahan & T. Cadell, 1790, pp. 49-50.
(9) R.E. Prothero, ed., *Private Letters of Edward Gibbon*, New York: Fred Defau & Co., 1907, p. 53.
(10) Quoted in Ruskin, *The Seven Lamps of Architecture*, in *The Works of John Ruskin*, vol. 8, p. 206.
(11) E. Haufe, ed., *Deutsche Briefe aus Italien: Von Winckelmann bis Gregorovius*, München: C.H. Beck, 1987, p. 206.
(12) Hyppolyte-Adolph Taine, *Voyage en Italie: vol. 2: Florence et Venise*, Paris: Hachette, 1866, pp. 322-323.
(13) Thomas Coryat, *Coryat's Crudities*, Glasgow: James MacLehose & Sons, vol.1, 1905, p. 314.
(14) *Coryat's Crudities*, p. 347.
(15) Fynes Moryson, *An Itinerary*, Amsterdam: Theatrum Orbis Therrarum; New York: Da Capo Press, 1971, p. 79.
(16) Richard Lassels, *The Voyage of Italy*, Paris: Vincent du Moutier, 1670, pp. 400-401.
(17) *Lettres d'Italie du Président de Brosses*, vol. 1, p. 189.
(18) *A View of Society and Manners in Italy*, vol. 1, p. 46.
(19) C. Harrison et al., eds., *Art in Theory 1815-1900: An Anthology of Changing Ideas*, Oxford: Blackwell, 1998, p. 162.

(20) C. Michel, ed., Johann Wolfgang Goethe, *Italienische Reise*, Frankfurt am Main & Leipzig, 1976, pp. 97-98.

(21) *Lettres d'Italie du Président de Brosses*, vol. 1, p. 258.

(22) R.J. Gemmett, ed., William Beckford, *Dreams, Waking Thoughts, and Incidents*, Rutherford &c.: Fairleigh Dickinson U.P., 1971, p. 114.

(23) John Ruskin, *The Stones of Venice*, vol. 2, in E.T. Cook & A. Wedderburn, eds., *The Works of John Ruskin*, vol. 10, London: George Allen, 1904, p. 443.

(24) *Venetian Life*, p. 174.

(25) Théophile Gautier, *Italia: Voyage en Italie*, Paris: La Boîte à Documents, 1997, p. 229.

(26) *Italia*, p. 235.

(27) Hugh Honour, *The Companion Guide to Venice*, 4th ed., Woodbridge: Boydell & Brewer, 1997, pp. 214-215.

(28) John Ruskin, *The Stones of Venice*, vol. 3, in E.T. Cook & A. Wedderburn, eds., *The Works of John Ruskin*, vol. 11, London: George Allen, 1904, p. 431.

(29) Henry James, "The Grand Canal," in J. Auchard, ed., *Italian Hours*, New York &c.: Penguin, 1995, p. 50.

(30) *Italia*, pp. 235-236.

(31) V. Michels, ed., Hermann Hesse: *Italien: Schilderungen, Tagebücher, Gedichte, Aufsätze, Buchbesprechungen und Erzälungen*, Frankfurt am Main: Suhrkamp, 1983, p. 148.

(32) *The Companion Guide to Venice*, p. 154.

(33) *Lettres d'Italie du Président de Brosses*, vol. 2, p. 232.

(34) *The Stones of Venice*, vol. 3, in *The Works of John Ruskin*, vol. 11, p. 428.

(35) *Venetian Life*, p. 164.

(36) *Italia*, p. 245.

(37) *The Companion Guide to Venice*, pp. 156-157.

第六章　家

(1) Ernest Hemingway, *Across the River and into the Trees*, London &c.; Arrow, 1994, p. 50.

(2) M. Lutyens, ed., *Effie in Venice: Unpublished Letters of Mrs. John Ruskin Written from Venice between 1849 and 1852*, London: Pallas, 1999, p. 127, note.

(3) J.L. Bradley, ed., *Ruskin's Letters from Venice 1851-1852*, New Haven: Yale U.P., 1955, p. 20.

(4) *Effie in Venice*, p. 185.

(5) *Effie in Venice*, p. 193.

(6) *Effie in Venice*, p. 188.

(7) *Ruskin's Letters from Venice*, p. 5.

(8) *Ruskin's Letters from Venice*, p. 7.

(9) *Ruskin's Letters from Venice*, p. 8.

(10) *Ruskin's Letters from Venice*, p. 279.

(11) *Ruskin's Letters from Venice*, p. 282.

(12) *Ruskin's Letters from Venice*, p. 278.

(13) *Effie in Venice*, p. 318.

(14) *Ruskin's Letters from Venice*, p. 26.

(15) *Ibid.*, note.

(16) *Effie in Venice*, p. 299.

(17) *Ruskin's Letters from Venice*, pp. 26-27.

(18) W.D. Howells, *Venetian Life*, 20th ed., 1895; rpt. New York: AMS, 1971, p. 101.

(19) *Venetian Life*, pp. 95-96.

(20) *Venetian Life*, pp. 99-100.
(21) *Venetian Life*, p. 100.
(22) *Venetian Life*, p. 101.
(23) *Venetian Life*, p. 102.
(24) Alastair Grieve, *Whistler's Venice*, New Haven & London: Yale U.P., 2000, p. 185.
(25) Donna Seldin Janis, "Venice," in W. Adelson et al., *Sargent Abroad*, New York &c.: Abbeville, 1997, pp. 183-186.
(26) Henry James, "The Grand Canal," in J. Auchard, ed., *Italian Hours*, New York &c.: Penguin, 1992, pp. 38-39.
(27) Henry James, "Two Old Houses and Three Young Women," in *Italian Hours*, p. 64.
(28) J. Bayley, ed., Henry James, *The Wings of the Dove*, London &c.: Penguin, 1986, pp. 334-335.
(29) *The Wings of the Dove*, p. 337.
(30) Henri de Régnier, *La Vie vénitienne*, Paris: Mercure de France, 1963, pp. 16-17.
(31) Henri de Régnier, "Urbis genio," in *Le Medaillier*, in *Œuvres*, vol. 2, Genève: Slatkine, 1978, p. 355.
(32) *La Vie vénitienne*, p. 160.
(33) *La Vie vénitienne*, pp. 160-161.
(34) *L'Entrevue*, in *Histoires incertaines*, Paris: Mercure de France, 1919, p. 49.
(35) *Histoires incertaines*, p. 51.
(36) *Histoires incertaines*, p. 63.
(37) *Histoires incertaines*, pp. 115-116.
(38) *Histoires incertaines*, p. 117.

第七章　カフェと食事

(1) Robert de Laroche, *Café Florian: L'esprit de Venise*, Tournai: La Renaissance de Livre, 2000, p. 18.

(2) *Café Florian*, pp. 19-20.
(3) *Café Florian*, p. 21.
(4) Hester Lynch Piozzi, *Glimpses of Italian Society in the Eighteenth Century*, London: Seeley & Co., 1892, p. 127.
(5) R.J. Gemmett, ed., William Beckford, *Dreams, Waking Thoughts, and Incidents*, Rutherford &c.: Fairleigh Dickinson U.P., 1971, pp.120-121.
(6) *Café Florian*, p. 33; p. 45.
(7) *Café Florian*, pp. 33-34.
(8) *Café Florian*, pp. 39-41.
(9) *Café Florian*, pp. 37-39.
(10) *Café Florian*, p. 49; pp. 56-57.
(11) *Café Florian*, p. 53.
(12) Honoré de Balzac, *Massimila Doni*, Paris: J. Corti, 1964, p. 129.
(13) W.D. Howells, *Venetian Life*, 20th ed, 1895; rpt. New York: AMS, 1971, pp. 58-59.
(14) Henri de Régnier, *La Vie vénitienne*, Paris: Mercure de France, 1986, pp. 99-100.
(15) Henry James, *The Aspern Papers*, in A. Curtis, ed., *The Aspern Papers and The Turn of the Screw*, London & c. : Penguin, 1984, p. 79.
(16) Thomas Coryat, *Coryat's Crudities*, vol. 1, Glasgow: James MacLehose & Sons, 1905, p. 415.
(17) F. d'Agay, *Lettres d'Italie du Président de Brosses*, vol. 1, Paris: Mercure de France, 1986, p. 204.
(18) *Glimpses of Italian Society*, pp. 128-189.
(19) George Gordon Byron, "Beppo: A Venetian Story," in J.J. McGann, ed., *Byron*, Oxford & New York: Oxford U.P., 1986, pp. 317-318.
(20) *Venetian Life*, pp. 84-85.
(21) *Venetian Life*, pp. 85-86.
(22) Théophile Gautier, *Italia: Voyage en Italie*, Paris: La Boîte à Documents, 1997, p. 148.

(23) *Venetian Life*, p. 105.

(24) Henri de Régnier, *L'Entrevue*, in *Histoires incertaines*, Paris: Mercure de France, 1919, p. 47.

(25) *La Vie vénitienne*, pp. 232-233.

(26) *Italia*, pp. 211-222.

(27) *Dreams, Waking Thoughts, and Incidents*, p. 112.

(28) Ernest Hemingway, *Across the River and into the Trees*, London &c.: Arrow, 1994, pp. 140-141.

(29) *Venetian Life*, p. 106.

終章　別れ

(1) Richard Lassels, *The Voyage of Italy: or A Compleat Journey through Italy*, Paris: Vincent du Moutier, 1670, p. 426.

(2) George Gordon Byron, *The Two Foscari*, III, i, in E.H. Coleridge, ed., *The Works of Lord Byron*, Poetry, vol. 5, London: John Murray, 1905, p. 160.

(3) Henri de Régnier, "Départ," in *Flamma tenax*, in *Œuvres*, vol. 7, Genève: Slatkine, 1978, pp. 173-174.

(4) Joseph Brodsky, *Watermark*, New York: Farrar, Straus & Giroux, 1992, pp. 109-110.

(5) Henry James, "Venice," in J. Auchard, ed., *Italian Hours*, New York &c.: Penguin, 1995, p. 11.

(6) Henri de Régnier, *La Vie vénitienne*, Paris: Mercure de France, 1963, p. 227.

(7) Henri de Régnier, *Esquisses vénitiennes*, Paris: Mercure de France, 1920, pp. 17-18.

(8) *Esquisses vénitiennes*, p. 19.

(9) *Esquisses vénitiennes*, p. 20.

(10) *Esquisses vénitiennes*, pp. 20-21.

あとがき

ヴェネツィアの猫は悠然としている。よく肥えて、艶やかな毛をした飼い猫が、おっとりとして人なつこいのは、むろんのこと、野良猫も、人間の姿を見たとたんに走って逃げたりしない。おそらく、棒を持った腕白坊主たちに追われたり、石を投げつけられたりした経験はまったくないのだろう。猫は、この町の守護者だった。恐ろしいペスト菌――町の人口の三分の一を奪い去ることもあった「黒死病」の菌――の媒介者である鼠を退治してくれる大事な生き物なのである。だから、町のひとたちは、この守護者を大切にしてきた。しかし、ヴェネツィア人が猫を大切にする理由は、それだけではないらしい。

詩人のディエゴ・ヴァレーリに「猫」と題した随想がある。ヴァレーリは、ヴェネツィア人が猫を大切にする本質的な理由はこうだという。

ヴェネツィア人が猫を愛するのは……、もっと深い理由からだと、わたくしは思っている。猫は、善良ながら懐疑的であり、世の中の万事を昔から心得ている顔をしていて、恋を除けば、何事も悲劇的に受け止めず、目の奥に、一点、冷笑の光りを見せていることが多い。その気質は、ほとんどヴェネツィア人だ。……熱狂する者、興奮する者、あらゆる種類の「大げさな連中」は、ヴェネツィアでは成功しない（*Fantasie veneziane*, Milano: Martello, 1972, pp. 18-19）。

わたくしは、この一節を読んだとき、思わず、猫のように、にんまりしてしまった。その理由については、すこし説明が必要だろう。

二度目にこの町に来たときに、わたくしもヘンリー・ジェイムズと同様に、この町と「深々と恋に落ちた」のだが、恋をした原因は何だろうという疑問は、いつも心のどこかにある。この町が美女だったのが恋のきっかけになったのは確かだが、色香に迷っているのとは、全然感じが違う。この町に滞在すると、不思議に心が安まり、静かな幸せに満たされるからである。

恋に落ちたのちに、わたくしが、いろいろな人たちのヴェネツィアに関する書きものを読んで、自分の実感にいちばん近いと思ったのは、詩人レニエの、つぎの文章だった。

ヴェネツィアは、並外れた心地よさで包み込んでくれるから、人は、すぐに、穏やかな幸福感——友好的なくつろぎ、控えめな喜び、優しい感謝の気持——のなかで、生きるようになる。人は、この、そこはかとない快楽を受け入れる必要がある（*La Vie vénitienne*, Paris: Mercure de France, 1963, p. 20）。

そしてまた、おなじレニエの、こういう一節である。

ヴェネツィアは、栄光という疲労を癒すために、静かに休息している。この静かさが、町の美しさに、さらなる美しさを添えている。しかも、この美しさは死の美しさではない。ヴェネツィアは、石と水の高貴さのうちに、一種謙遜で壮麗な休息――穏やかな安らぎ――のうちに、つねに生きていて、この町をひんぱんに訪れる人々に恵みを施す。ここでは、ほかのどこにも増して、人はあらゆる欲望から逃れることができる。この場所ほど、我執からの離脱と心の平安とに適したところはない。しかも、この離脱は後悔の念なく、おこなわれ、この平安は、悲哀の気持ちなく、獲得される（*Ibid.*, p. 26）。

詩人ブロツキーの随想集『*Watermark*』が『ヴェネツィア――水の迷宮の夢』と題して邦訳出版されたとき、池澤夏樹氏が帯に書いたコピーに、「心が疲れた人はヴェネツィアに行くのがいい」、とあった。絶技。まさに、そのとおりなのである。

では、猫はほとんどヴェネツィア人のようだ、というヴァレーリの文章を読んで、わたくしが、なぜ、にんまりしたか。それは、ヴァレーリによる猫の気質の記述がわたくし自身にも当てはまりそうだ、と思ったからに他ならない。つまり、「善良ながら懐疑的であり、世の中の万事を昔から心得ている顔をしていて、恋を除けば、何事も悲劇的に受け止めず、目の奥に、一点、冷笑の光りを見せていることが多い」という人たちが造り上げ、そういう人たちを育んできた町がヴェネツィアなら、わたくしも、心の疲れを癒されるから気に入っただけでなく、なるほど気質的にも惹かれたのか、と思ったのである。もちろん、場所と人間との交情も、人間同士の交情と同じで、なぜ惹かれるのか、究極のところはわかるものではないのだが。

「まえがき」でもふれたように、わたくしが近代ヨーロッパ文学に描かれるヴェネツィア・イメージの歴史、というようなものを主な研究対象の一つにしてから、かなりの年月がたつ。かれこれ十五年。本書は、その研究の余滴とでもいうべきものである。

もっとも、友人の小林純氏（社会思想史家）によれば、わたくしの研究そのものが「ものずき」な研究である。そうなると、どこまでが研究でどこまでが余滴なのか、分別は難しいことにもなる。

じつは「ものずき」という評価は、わたくしの自己認識とも一致している。わたくしは自分を典型的なディレッタント＝好事家だと思っている。アカデミックな学問研究の本流や流行とは関わりなく、自分に楽しいことを調べ、楽しんで書いているにすぎないからである。本書も、そういう好事家の書いた本である。

本書は、性格上、引用が多い。引用をする際、先行訳のある場合にそれを使わせていただくかどうかについては、すこし迷ったのだが、最終的に、すべて拙訳で通すことにした。わたくしの訳の方がすぐれているからという理由では毛頭ない。原文をどのように読んだのかについて責任をとるためと、翻訳する快楽を捨てきれなかったためである。ちなみに、一カ所を除き、すべて原典訳である。

三和書籍の高橋考社長から本を一冊書かないかというお誘いがあり、よろこんでお引き受けしたのは数年前のことである。ところが、その後にわかに勤務先の校務が繁忙になり、ディレッタントでいる時間がすっかり減少して、筆も進まぬままだった。さいわい、勤務先から、二〇〇二年四月に始まる一年間の研究休暇をもらえることになり、ヴェネツィアに滞在することができた。数年ぶりに好事家生活に復帰できて、さっそく書いたのが本書である。

読巧者《よみ》の友人藤田侊一郎氏は、大切な時間を割いて、原稿段階の本書を読み、貴重な助言を下さった。深謝申し上げたい。

装丁は、前著『ヴェネツィアの光と影――ヨーロッパ意識史のこころみ』と同じく、妻の手をわずらわせた。前著も、装丁は誉める人が多かったことを思い出す。

図版の写真は、すべて今回の滞在中に、長年愛用のライカで撮影したものである。愛人の二〇〇二年の表情、ということになる。

日本に戻ると、ふたたび繁忙な日々が待っているようである。それでも、またいつかディレッタントに戻れたら、今度はヴェネツィアに関わった詩人たちについて一書をまとめたいと思っている。そのときまで、アリヴェデルチ。また会いしましょう。

二〇〇二年、霧雨の降誕祭、ヴェネツィアで

著者

【書誌】

I. 一次資料（引用原典）

Balzac, Honoré de. *Lettres à Madame Hanska*. Vol. 1: 1832-1840. Paris: Editions du Delta. 1967.

—— *Massimila Doni*. Paris: José Corti. 1964.

Barrès, Maurice. Ed. M.O. Germain. *La Mort de Venise*. Saint-Cyr-sur-Loire: Christian Pirot. 1990.

Beckford, William. *Dreams, Waking Thoughts, and Incidents*. Rutherford &c.: Fairleigh Dickinson University Press. 1971.

Brodsky, Joseph. *Watermark*. New York: Ferrar, Straus & Giroux. 1992.

Brosses, Charles de. Ed. F. d'Agay. *Lettres d'Italie du Président de Brosses*. Vol. 1. Paris: Mercure de France. 1986.

Byron, George Gordon. "Beppo: A Venetian Story." Ed. J.J. McGann. *Byron (Oxford Standard Authors)*. Oxford & New York: Oxford University Press. 1986.

—— *Childe Harold's Pilgrimage*, Canto IV. *Byron*.

—— "Ode on Venice," Ed. E.H. Coleridge. *The Works of Lord Byron*. Vol. IV. London: John Murray. 1905.

Cacciapaglia, G., ed. *Deutschsprachige Schriftsteller und Venedig vom XV. Jahrhundert bis Heute*. Venezia: La Stamperia di Venezia. 1985.

Commynes, Philippe de. Ed. J. Calmette. *Mémoires*. Vol. 3: 1483-1498. Paris: Honoré Champion. 1925.

Coryat, Thomas. *Coryat's Crudities*. Vol. 1. Glasgow: James MacLehose & Sons. 1905.

Dickens, Charles. Ed. K. Flint. *Pictures from Italy*. London: Penguin Books. 1998.

Gautier, Théophile. *Italia: Voyage en Italie*. Paris: La Boîte à Documents. 1997.

Gibbon, Edward. Ed. R.E. Prothero. *Private Letters of Edward Gibbon.* New York: Fred Defau & Co. 1907.

Goethe, Johann Wolfgang. Ed. C. Michel. *Italienische Reise.* Frankfurt am Main & Leipzig: Insel, 1976.

Haufe, E. ed. *Deutsche Briefe aus Italien: Von Winckelmann bis Gregorovius.* München: C. H. Beck. 1987.

Harrison, C. et al., eds. *Art in Theory 1815-1900: An Anthology of Changing Ideas.* Oxford: Blackwell. 1998.

Hesse, Hermann. Ed. V. Michels. *Italien: Schilderungen, Tagebücher, Gedichte, Aufsätze, Buchbesprechungen und Erzählungen.* Frankfurt am Main: Suhrkamp. 1983.

Hemingway, Ernest. *Across the River and into the Trees.* 1950; rpt. London: Arrow Books. 1994.

Howells, William Dean. *Venetian Life.* 20th ed. 1895; rpt. New York: AMS Press, 1971.

James, Henry. Ed. A. Curtis. *The Aspern Papers and The Turn of the Screw.* London &c.: Penguin Books. 1984.
—— "The Grand Canal" Ed. J. Auchard. *Italian Hours.* New York &c.: Penguin Books. 1995.
—— "Two Old Houses and Three Young Women" *Italian Hours.*
—— "Venice" *Italian Hours.*
—— J. Bayley, ed. *The Wings of the Dove.* London &c.: Penguin Books. 1986.

Lassels, Richard. *The Voyage of Italy: or A Compleat Journey through Italy.* Paris: Vincent du Moutier. 1670.

Lucas, E.V. *A Wanderer in Venice.* rev. ed. London: Methuen. 1923.

McCarthy, Mary. *The Stones of Florence and Venice Observed.* London &c.: Penguin Books. 1972.

Mann, Thomas. *Der Tod in Venedig und Andere Erzählungen.* Frankfurt am Main: Fischer. 1966.

Mauer, D. & Mauer A.E., eds. *Venedig.* Frankfurt am Main: Insel. 1998.

Moore, John. *A View of Society and Manners in Italy.* 5th ed. London: A. Strahan & T. Cadell. 1790.

Morand, Paul. *Venises.* Paris: Gallimard. 1971.

Moryson, Fynes. *An Itinerary.* Amsterdam: Theatrum Orbis Terrarum; New York: Da Capo Press. 1971.

Piozzi, Hester Lynch. *Glimpses of Italian Society in the Eighteenth Century, from the Journey of Mrs. Piozzi.* London: Seeley & Co. 1892.

Proust, Marcel. Ed. A. Chevalier. *Albertine disparue: À la recherche du temps perdu,* VI. Paris: Gallimard. 1992.

Pullan, Brian. *Rich and Poor in Renaissance Venice: the Social Institutions of a Catholic State, to 1620.* Oxford: Blackwell. 1971.

Régnier, Henri de. *L'Entrevue. Histoires incertaines.* Paris: Mercure de France. 1919.
—— *Esquisses vénitiennes.* Paris: Mercure de France. 1920.
—— *Œuvres.* Vol. 2. Genève: Slatkine Reprints. 1978.
—— *Œuvres.* Vol. 6. Genève: Slatkine Reprints. 1978.
—— *La Vie vénitienne.* Paris: Mercure de France. 1986.

Ruskin, Effie. Ed. M. Lutyens. *Effie in Venice: Unpublished Letters of Mrs. John Ruskin Written from Venice between 1849 and 1852.* 1965; rpt. London: Pallas Editions. 2001.

Ruskin, John. Ed. J.L. Bradley. *Ruskin's Letters from Venice 1851-1852.* New Haven: Yale University Press. 1955.
—— *Fors Clavigera.* Vol. 1. Ed. E.T. Cook & A. Wedderburn. *The Works of John Ruskin.* Vol. 27. London: George Allen. 1907.
—— *The Seven Lamps of Architecture. The Works of John Ruskin.* Vol. 8. London: George Allen. 1903.
—— *The Stones of Venice.* Vol. 1. *The Works of John Ruskin.* Vol. 9. London: George Allen. 1903.
—— *The Stones of Venice.* Vol. 2 *The Works of John Ruskin.* Vol. 10. London: George Allen. 1904.
—— *The Stones of Venice.* Vol. 3. *The Works of John Ruskin.* Vol. 11. London: George Allen. 1904.

Shakespeare, William. Ed. W.M. Merchant. *The Merchant of Venice*. London &c.: Penguin Books. 1967.

Taine, Hyppolyte-Adolph. *Voyage en Italie*. Vol. 2. Paris: Hachette. 1866.

Valeri, Diego. *Guida sentimentale di Venezia*. Padova: Le Tre Venezie. 1944.

Waugh, Evelyn. "Sinking, Shadowed and Sad – The Last Glory of Europe" D. Gallagher, ed. *The Essays, Articles and Reviews of Evelyn Waugh*. London: Methuen. 1983.

梶原・山下校注『平家物語（三）』（岩波文庫 1999）

II. 二次資料（重要参考文献）

Adelson, Warren et al. *Sargent Abroad: Figures and Landscapes*. New York &c.: Abbeville Press. 1997.

Bec, Christian. *Histoire de Venise*. 2nd ed. Paris: Presses Universitaires de France. 1998. （仙北谷茅戸訳『ヴェネツィア史』白水社クセジュ文庫 2000）

Bagioli, Gianni et al. *Guida d'Italia: Venezia*. Milano: Touring Club Italiano. 1985.

Cosulich, Alberto. *Venezia nell'800: vita, economia, costume*. San Vito di Cadore: Edizioni Dolomiti. 1988.

Donatelli, Carlo. *La gondola: una straordinaria architettura navale*. Venezia: Arsenale Editrice. 1990.

Franzina, Emilio, ed. *Venezia (storia delle città italiane)*. Roma & Bari: Editori Laterza. 1986.

Grieve, Alastair. *Whistler's Venice*. New Haven & London: Yale University Press. 2000.

Honour, Hugh. *The Companion Guide to Venice*. 4th ed. Woodbridge & Rochester: Boydell & Brewer. 1997.

Lane, Frederic C. *Venice: A Maritime Republic*. Baltimore: Johns Hopkins University Press. 1973.

Laroche, Robert de. *Café Florian: L'esprit de Venise*. Tournai: La Renaissance du livre. 2000.

Littlewood, Ian. *A Literary Companion to Venice*. London &c.: Penguin Books. 2001.

Lorenzetti, Giulio. *Venezia e il suo estuario: guida storico-artistica*. Trieste: Edizioni Lint. 1974.

Piguet, Philippe. *Monet et Venise*. Paris: Herscher. 1986.

Perocco, G. & Salvadori, A. *Civiltà di Venezia*. 3 Vols. Venezia: Stamperia di Venezia. 1979.

Pemble, John. *Venice Rediscovered*. Oxford: Clarendon Press. 1995.

Salvadori, Antonio. *Venezia: guida ai principali edifici*. Venezia: Canal & Stamperia Editrice. 1995.

Stainton, Lindsay. *Turner's Venice*. New York: George Braziller. 1985.

Zorzi, Alvise. *Una città, una repubblica, un impero: Venezia 697-1797*. Milano: Mondadori. 1999.

サルヴァドーリ、A.（陣内・陣内訳）『建築ガイド4 —— ヴェネツィア』（丸善 1992）

塩野七生『海の都の物語—— ヴェネツィア共和国の一千年（上・下）』（新潮社 2001）

塩野七生『イタリア遺聞』（新潮文庫 1994）

陣内秀信『ヴェネツィア—— 水上の迷宮都市』（講談社現代新書 1992）

鳥越輝昭『ヴェネツィアの光と影—— ヨーロッパ意識史のこころみ』（大修館書店 1994）

著者紹介

鳥越輝昭

1950年岡山市生まれ。
東京外国語大学英米語学科卒業、上智大学大学院文学研究科修士課程修了。
現在、神奈川大学外国語学部教授。
専攻：比較文学、文化史。
著書：『ヴェネツィアの光と影―― ヨーロッパ意識史のこころみ』（大修館書店 1994）、『ヨーロッパの都市と思想』（共著、勁草書房 1996）、『ロマン主義のヨーロッパ』（共著、勁草書房 2000）など。
訳書：『近現代ヨーロッパの思想』（大修館書店 1992）、『イタリア・ルネサンスへの招待』（共訳、大修館書店 1989）。

ヴェネツィア 詩文繚乱　文学者を魅了した都市

2003年　6月　30日　第1版第1刷発行

著　者　鳥　越　輝　昭

発行所　三　和　書　籍
発行者　高　橋　考
〒112-0013　東京都文京区音羽2-2-2
TEL 03-5395-4630　FAX 03-5395-4632
sanwa@sanwa-co.com
http://www.sanwa-co.com/

印刷　株式会社　新灯印刷
製本　株式会社　高地製本所

ISBN4-916037-57-X　C0098

TO DELL INCLITA CITTÀ DI VENEZIA
MURANO
elle Venete Austriache Provincie
S. Ioan et Paolo
S. Francesco della Vigna
Riva de Schiavoni
Riva de Schiavoni
S. Giorgio Maggiore